教之辩

JIAO ZHI BIAN

陈志红/著

生本德育　人本管理

师本研究　生本教学

浙江工商大学出版社
ZHEJIANG GONGSHANG UNIVERSITY PRESS
·杭州·

图书在版编目(CIP)数据

教之辩 / 陈志红著 . — 杭州：浙江工商大学出版
社，2022.1

ISBN 978-7-5178-4777-9

Ⅰ.①教… Ⅱ.①陈… Ⅲ.①思想政治教育—教学研
究—中国—文集 Ⅳ.① D64-53

中国版本图书馆 CIP 数据核字 (2022) 第 003353 号

教之辩
JIAOZHIBIAN
陈志红 著

责任编辑	厉 勇	
责任校对	童江霞	
封面设计	沈 婷	
责任印制	包建辉	
出版发行	浙江工商大学出版社	
	（杭州市教工路 198 号　邮政编码 310012）	
	（E-mail：zjgsupress@163.com）	
	（网址：http://www.zjgsupress.com）	
	电话：0571-88904980，88831806（传真）	
排　　版	杭州朝曦图文设计有限公司	
印　　刷	浙江全能工艺美术印刷有限公司	
开　　本	710mm×1000mm　1/16	
印　　张	15.5	
字　　数	222 千	
版 印 次	2022 年 1 月第 1 版　2022 年 1 月第 1 次印刷	
书　　号	ISBN 978-7-5178-4777-9	
定　　价	68.00 元	

自　序

　　蹚过教育这条长河，我领略了沿岸目不暇接的旖旎风光。《教之辩》是笔者多年来对教育教学实践的辩证思考，其中涉及学校管理、学校德育、思政课教学、教育科研等多个方面的内容。"观千剑而后识器，操千曲而后晓声"，笔者近20年来在浙江、重庆、新疆、安徽、贵州等地做了200多场专题讲座，现将相关内容整理成文，集结成册。

　　在学校管理方面，以人本管理为主题，针对教师工作艰巨性与幸福感"水乳交融"的奇妙特点，就如何提升教师的幸福指数，如何打造和谐的学校管理团体，如何建立和完善学校的动力系统，如何提高校长的管理境界等内容进行深入的研究和思考。通过辩证分析，提出了打造和谐教育管理团队的重要意义与主要举措，探究了完善学校的动力系统、提升校长的管理境界的基本路径，目的在于增强学校管理团队的凝聚力、战斗力，推动学校与教师和谐互动、共同发展。

　　在学校德育方面，以生本德育为主题，阐述了高一学生如何适应高中阶段的学习生活，高二学生怎样做最好的自己，高三学生如何增强高考冲刺的力量，班主任如何写好学生的个性化评语，高一家长如何引导孩子选课和做好孩子的生涯规划，高三家长如何走出困惑，如何联合多方力量，共同引领学生努力把握好高中三年，促进自己的全面发展，为终身可持续发展打下坚实的基础。

　　在思政课教学方面，以生本教学为主题，论述了浙江政治选考试题的特点与对策，如何命制政治学科的综合题，如何提高教师精讲与精练的实效，如何提升思政课"一考"与"二考"的复习效能，思政课教学如何处理好"理"与"例"的关系，坚持"五位一体"，打造高效课堂，探究了思政课议题式教学适应性问题、高中思政课课堂观察的理论与实践、如何让学科核心素养高效落地等问题，旨在转变教学方式，打造高效课堂，提升学生的学科核心素养。

在教育科研方面，以师本研究为主题，围绕提高教师的核心素养，以创新引领教师专业发展，探究教育科研的"三要素"，做好"三本"文章，促进自主成长，如何做"五行"教师，如何做学习型教师，争做一个有根的教师，做教师的"五重境界"等，以期激励教师树立崇高的教育理想，促进自己的专业可持续发展，永葆教育教学的生机与活力，不断开拓教育教学的新境界。

笔者试图在"本"字上做一点思考，写一点体会，给同行一点参考，希冀与同行们共同探索，认识和把握教育教学的客观规律，一起研究教育艺术创新的基本方法，齐心协力为教育事业做出更大的贡献，同心同德打造教育工程的"皇皇巨著"，坚持不懈攀登一个又一个新的教育高峰，拥抱更加美好的教育未来，共享教育事业的幸福。

贸然成册，慨然付梓，所见所言难免管中窥豹，雾里看花，或失之偏颇，或失之粗浅，若能起到抛砖引玉之效，幸甚。

陈志红

2021年8月6日于建德新安江畔

目　录

第一辑 〉〉〉

人本管理

如何打造一支和谐的教育管理团队

　　打造一支和谐的教育管理团队，不仅是管理者个人持续发展的需要，更是团队共同实现可持续发展、共享幸福的迫切需要。然而，在我们的教育管理实践中，由于受主观或客观条件的影响，往往存在不和谐的"杂音"，这些"杂音"消耗了教育管理的资源，耗散了团队的合力，最终影响了教育事业整体的蓬勃发展。为此，教育管理工作者要努力打造一支和谐的教育管理团队，以提升管理的境界和实效。

一、认识和谐团队特征，树立和谐理念

　　"和谐"包括人与自然之间的和谐、人与社会之间的和谐、人与自我的和谐。中国传统文化强调"和为贵"。儒释道文化从不同视角讲和谐。儒家的"仁爱"，注重人与人之间要和谐；佛教的"虔诚"，强调人的内心和谐；道教的"无为"，重视人与自然的和谐。我们打造和谐的教育管理团队有如下主要特征。

1. 坚持以人为本价值观

　　以人为本就是把实现好、维护好、发展好最广大人民的根本利益作为我们一切工作的出发点和落脚点，做到发展为了人民，发展依靠人民，发展成果由人民共享。同理，教育管理工作者坚持以师生员工为本就是把实现

好、维护好最广大师生员工的根本利益作为教育管理工作的出发点和落脚点，做到发展为了师生员工，发展依靠师生员工，发展成果由师生员工共享。

广大教育管理工作者坚持一切为了师生员工，这是毋庸置疑的，但有时候我们把一切依靠师生员工变成一切依靠教育管理者自己。许多师生员工可以做好而且往往可以做得更好的事情，常常由教育管理工作者包办代替，导致师生员工错失锻炼机会，管理实效低下。

2. 坚持遵守法律法规的规则观

当下经济全球化的发展非常需要规则意识，我国坚持依法治国的基本方略要求我们依法办事，一个真正成熟的公民，必须坚持权利与义务的统一。况且，榜样的力量是无穷的。教育管理工作者要带头遵守规则，发挥身边榜样的作用，引领师生员工更加自觉地遵守规则。

3. 坚持自己的事自己做的自律观

有人说，人生做好两件事：一是必须做好的事情；二是自己感兴趣的事情。最好的方法是把两者完美地统一起来。做好自己应该做好的事情，不仅是对他人负责，也是对自己负责。教育管理工作者的共同责任就是完善教育管理，实现学生、教师和学校的和谐持续发展。

二、自觉坚持和谐互动，实现互利共赢

1. 坚持相看两不厌，包容欣赏他人

（1）包容人。世界是统一性与多样性的结合体，每个人都是世界的唯一，都是世界丰富多彩的组成部分，失去一个人，世界往往都会失去一点光彩。教育管理工作者要像人民教育家于漪老师那样，拥有两把尺子，一把用来衡量自己的缺点，一把用来衡量他人的优点。只有这样，才能更好地包容别人，学习别人的长处，弥补自己的不足，不断取人之长，补己之短，实现自

己的可持续发展。

（2）欣赏人。每个人都是优点与缺点的统一体，其优缺点又在不断变化之中。我们要学会用显微镜看别人的优点，用放大镜看自己的缺点；防止用显微镜看自己的优点，用近视镜看自己的缺点。唯有如此，才能更加欣赏别人，与别人和谐相处。

（3）做好人。每个人都期盼在工作和生活中遇见好人。只有自己做个好人，才能真正遇见好人；只有做好他人的贵人，才能遇见更多的贵人；只有做最好的自己，才能遇见最好的他人。

2. 坚持相处两促进，力争互动共赢

（1）摒弃零和思维，坚持共赢理念。所谓"零和"，就是你进步就意味着我退步，你进步与我退步部分的"代数和"为零，所以，我要阻止你的进步，最终导致两败俱伤，彼此伤痕累累。所谓"共赢"，就是实现共同发展。比如，美国的肯德基与麦当劳、德国的奔驰与宝马、中国的海尔与海信等都是共同发展的典型案例。一个教育管理团队的成员齐心协力，实现共同的奋斗目标，是共赢的体现。假如两个人共同竞争一个领导岗位，一个被录用，一个虽然没有被录用，但经受了锻炼和考验，也能实现合作共赢。

（2）搭建多种平台，优化互利合作。任何一个教育管理的平台，应是相关教育工作者与被管理者的共同平台，而不是某个人独舞的秀场。平台上的活动者之间存在着一条"生态链"，一损俱损，一荣俱荣。

教育管理工作者要为被管理者搭建更多的平台，主要包括工作、学习、研究、生活、竞赛等方面的平台，并在搭好台的同时，主动站好台和补好台，千方百计采取行之有效的举措，引导被管理者积极主动参与平台的建设和相关丰富多彩的活动，让每个师生员工都有出彩的机会，竭力让每个活动的参与者都充满获得感和幸福感，让所有平台成为展示良好形象、实现互利共赢的重要载体。

3. 坚持相别两依依，实现情理交融

（1）牢记三个三等式。广大教育管理工作者要做到相别两依依，实现情理交融，就需要牢记三个不等式。一是49%＞51%，即需要奉献。安踏公司老总的父亲说，做任何事情，即使你的贡献与别人相同，都要比别人少拿一点点，这样就会获得更多合作与发展的机会，获得更大的长远利益。而有的人正好相反，凡事都想占点小便宜，往往会失去更大的长远利益。二是1+1＞2，即需要合作。人是相互依靠的，人的发展都离不开他人的帮忙，人际关系是宝贵的财富。所以，有人说，学历是铜牌，能力是银牌，智慧是金牌，人脉是王牌。团队合作等式：X+Y+Z+⋯=1。如果X、Y、Z等有一个等于0，他就没有参与团队合作；如果X、Y、Z等有一个等于1，其余人就没有参与团队合作；只有X、Y、Z等均不等于0或1，最大限度发挥各自特长，才能建设一个和谐的合作团队。三是99−1＜0，即需要坚持。在教育管理工作中，有人帮助别人是"前功尽弃"，吃力不讨好；有的人吃力讨大好，甚至不太吃力还讨好，其主要原因就在于有没有帮人帮到底，并努力做到最好！我们在帮助别人的时候，力争比别人做得更完美一点，就会达到理想状态。这既需锦上添花，更要雪中送炭；既需物质鼓励，更要精神引领；既需被动帮助，更要主动援助。

（2）切实画好三条线。一是法纪"红线"。这是带电的高压线。一旦触碰它，将以损人开始，以害己告终。二是做人的道德"底线"。这是人格线。如果突破它，必定损害自身形象，降低自己的人格，就更难获得他人的信任和合作。三是管理的工作"实线"。这是生命线。工作实绩是我们安身立命之本，也是我们的幸福之源。常言道，有作为才有地位，有持续的作为才有持续的地位。过去先进不等于现在先进，现在先进不等于永远先进！争创广大师生员工满意的工作实绩是树立教育管理工作者威信的关键因素。

（3）自觉做好三个反思。俗话道：失败是成功之母，反思是成功之父。为此，广大教育管理工作者要认真做好三个反思。一是在理论学习中反思，不断更新观念。伟大的实践产生伟大的理论，伟大的实践更需要伟大理论

的指导。广大教育管理工作者,要坚持创新、协调、绿色、开放、共享发展的新发展理念,克服那些过时的消极的旧观念,努力推动教育科学管理取得更大的新成效。二是在实践活动中反思,不断丰富智慧。教育管理的智慧源于实践,这需要在教育管理实践中总结和提炼。广大教育工作者要在大胆实践的基础上,善于总结和归纳教育管理的实践智慧,用更多更新的智慧指导新的教育管理的实践,以攻坚克难、攀登教育管理的新高峰。三是在学习先进中反思,不断超越自我。榜样的力量是无穷的。教育管理工作者需要树立身边的好榜样,引领广大师生员工学习榜样,超越榜样,争做榜样,以更多更好的榜样,团结和带领广大师生员工,形成你追我赶、共同发展的良性互动的新局面。

　　管理的真谛是美,美的真谛应该是和谐。打造和谐的教育管理团队,可以让做人有情有义,工作有声有色,生活有滋有味。让我们共同努力,为打造一个和谐温馨的教育工作团队而奋斗。

建立和完善学校管理动力系统的实践与思考

综观古今中外的学校发展史,时而呈现这样的现象:当一所学校发展到一定程度,往往产生"天花板"效应,停滞不前,甚至倒退。究其主要原因,是学校发展缺乏新的目标和新的动力。因为一所学校如果没有动力,就没有活力,没有活力,就没有生命力。要实现学校的可持续发展,就必须优化学校管理的动力系统,不断加大学校发展的动力,推动学校发展跃上新的台阶。

一、找准目标定位,释放特色发展驱动力

当下我国的各级各类学校在发展目标的定位上,往往存在三个"过于"的局限。

一是过于"宏大"。比如有些普通学校,常以建设一流名校(或中华名校),培育世纪英才(或国际一流人才)作为学校发展的目标定位。二是过于"抽象"。比如上述的"建设一流名校",并未具体涉及什么范围内的一流,什么样的名校。三是过于"雷同"。比如,崇德、尚学(博学、笃学)、立志、创新、一流、民主、文明、科学等,基本上大同小异。这些"大而无当"的目标定位都不利于打造特色学校,实现学校的多样化发展。在浙江省教育厅评选"特色普通高中"时,很多学校的领导很难讲出自己学校的发展特色,或者只能用学校发展目标中共性的东西加以应付,因为这些学校向来没

有找准自己发展的特色定位,这导致师生员工展望学校未来的发展时缺乏应有的驱动力。

　　为克服上述弊端,精准定位学校的发展目标,需要充分发扬民主,最大限度听取广大全校师生员工、校友、教育专家与社会有关方面的意见,提炼既符合学校实际,又喊得响亮的目标性口号,并以此引领广大师生员工内化于心、外化于行,同心同德,为实现学校的特色发展目标而奋斗。这就需要在三个"精"上下功夫。一是精细"量化"。比如,学校发展规模、教学设备添置、教师办公条件、教师福利、名师培养、科研获奖、升学率等,对于可以量化的部分,尽量予以量化,给师生员工以具体的感受。二是精育"特色"。主要包括:德育特色、课程特色、管理特色、科研特色、体艺特色等。比如,某些学校招收美术、音乐特长生,并打造具有美术、音乐教学特色的课程、教学、管理、研究等融为一体的特色教育,成为彰显学校特色发展的亮点。三是精准"提炼"。把学校特色教育的主要内容精准提炼出来,给全校师生员工清晰的印象。比如,严州中学在二十世纪八十年代就总结提炼的"严实教育":治学严谨、纪律严明、要求严格,思想诚实、教学踏实、生活朴实。在这个目标的引领下,严州中学朝着既定的方向前进,有了长足的发展。

二、校长率先垂范,充分发挥榜样引领力

　　校长是教师的教师,是学校的灵魂,更是学校发展的主要引领者。在一定意义上说,一个好校长就是一所好学校。因此,校长必须严格要求自己,在各方面发挥榜样的示范作用。

　　校长的垂范体现在学校工作的方方面面,贯穿学校发展过程的始终。主要体现在四大方面。一是学科的引领力,让师生诚服。校长的领导主要是教育思想的领导。校长的学科示范对学校学科教学产生很大的影响。校长要毋忘本行,竭尽全力做好本学科的教学工作。二是守纪的示范力,让师生佩服。校长严守法纪,不仅关系到校纪校规全面有效的贯彻执行,而且影响着校长的人格魅力。校长应该自觉、严格、全面、一贯地遵守国家的法

律法规和学校的各项规章制度，严格"依法治校"。三是治学的影响力，让师生叹服。校长的学术水准，在一定程度上代表着学校的形象，也影响着自身的威望。因此，校长要做终身学习的模范，不断提升自己的治学实力。尤其是校长在各种各样场合的发言，绝大多数都要像写微型小说那样写好讲稿，学会像演说家一样演讲，努力给受众留下刻骨铭心的印象。四是名利的谦让力，让师生折服。校长要树立正确的名利观，正确处理好舍与得、大与小、近与远等关系，在各类荣誉评比、职称晋升、金钱分配、外出考察等方面，发扬风格，吃得起亏。要严防与教职员工争名争利，严重挫伤教工的积极性和自尊心。

三、大胆改革创新，生发利益调整冲击力

改革创新是时代精神的核心，改革是发展中国特色社会主义的强大动力。改革归根到底是一种利益的再调整，改革所触及的是教职工的切实利益，会牵动教职工的神经，产生一股巨大的冲击力。因此，学校的改革既要尽力而为，又要量力而行。

比如，当下的"县管校聘"改革，引进优胜劣汰的机制，需要充分发扬民主，贯穿民主集中制原则，建立和完善一整套"县管校聘"的长效机制和科学严密的操作程序，切忌操之过急，激化矛盾，引发新的社会问题，千方百计让"县管校聘"成为鞭策教师专业发展和激发学校教师队伍活力的重要载体。

又如，浙江高考"七选三"的改革，需要学校根据高考改革的主要原则，结合校情，发挥学校与学生的特长，建立和完善选课与评价的长效机制，激励教师深化教学改革，提高教学质量，引导学生个性化发展，打造学校选课改革的特色，实现学校、教师与学生和谐健康的持续发展。

四、建设关爱工程，不断增强学校凝聚力

管理双因素理论告诉我们，学校管理需要保健因素和激励因素。"保健"主要是改善单位的工作环境和福利待遇等。"激励"主要是对单位员工的物质和精神激励。只有两者精准发力，才能让管理增效。

学校对教职员工的关爱主要体现在身体保健、业务提升、职务晋级、福利改善、家庭关爱、纠纷调解等方面。为此，我校倾力打造特色关爱工程。一是"四级分工"的慰问活动。建立健全教职工慰问制度，对教职工的"病丧喜困"等现象，采取分层慰问的办法。校级干部由校长、书记、工会主席联合慰问，中层干部由校长、书记、分管校长、工会主席联合慰问，教师由分管校长、年级党支部书记、工会小组长、团总支书记、妇委会主任联合慰问，职员由分管校长、部门负责人、后勤工会组长等联合慰问。二是"五位一体"的谈心谈话活动。对职务变动、课务调整、职称评审、先进评比、矛盾纠纷等方面产生的较大问题，学校党政工团应坚持宜分则分、宜联则联的原则，选择适合的时机、场合与方式，进行谈心谈话，及时化解矛盾，增进和谐。三是"六送温暖"的贴心活动。教工"病丧喜困"分层送礼物，节日党政工送问候，教职工生日工会送鲜花，期末行政送祝福，师训行政送专著，假期学校送休闲。由此来增强学校的向心力和凝聚力。

五、完善校本研训，加强学习培训助推力

为了彻底革除以往校本研训学校领导忙于谋划、教师疲于应付、结果劳民伤财、收效甚微等弊端，我校坚持校本培训供与求统一，尽量满足教师发展的有效需求。

在高考培训中，教师与专家真诚地"面对面"，教师精心准备，从高考角度提出若干个问题，请有关专家逐一回答有关问题。努力改变过去邀请专家讲座内容的空对空，教师借故不参加或参加后不认真听讲等尴尬局面，提升专家讲座的实效。

在师德培训中，学校领导与教职工相互"心交心"，校领导提出教师关注的一些焦点问题，与教工一起平等交流探讨，最大限度凝聚共识，转变观念与行为。切实改变师德培训中教师存在的逆反心理、无关心理和无故缺席现象，打造高效的师德培训模式。

在骨干培训中，学校与教师共谋"点对点"，教师提出需要解决的教育教学问题，学校根据教师的问题清单，千方百计寻找有关专家名师一起探讨，破解有关难题，力争实现教师与专家观点的相互碰撞、相互启发、和谐共促的可喜局面。

在课题研究中，学校与教师一起"题联题"，学校申报主课题，教师选择申报子课题，把主课题与子课题的研究有机结合起来，充分调动教师参与课题研究的积极性和创造性，努力推动课题研究、学校改革与教师专业的共同发展。

六、深化开放合作，加大校际资源分享力

深化改革、开放办学、分享兄弟学校改革成功的经验和科学的方法，有利于实现学校的高质量持续发展。学校组织教工外出学习，不能随心所欲，走马观花，需要精心选择和组织，力求高效考察学习。严防看看感动、听听激动、返回不动的形式主义作风。

学校要根据缺什么、补什么，弱什么、强什么，特什么、优什么等原则，选择适当的考察学习的学校。比如，我校于2008年组织教工到河北衡水中学学习考察，在惊叹之余，组织教工充分讨论三个主要问题：我们需要向衡水中学学习什么？我们能够向衡水中学学习什么？我们应该如何向衡水中学学习？学校在归纳总结教工意见的基础上，筛选出三个学习要点：自学分时（公共自习与学科自习的时间分开，科学公平分配自学时间）、练习限时（用好学科自修课时间，提升练习的质量和效益）、四季跑操（缓解学习压力，增强学生体质）。由此产生显著的教育教学成效。尤其是2009年高考取得辉煌成绩，创造了我校历史。当年409人上一本线，4人进入北京大学，89

人上浙大分数线,引发了建德市内外的轰动。

总之,学校管理是一项复杂的系统工程,涉及许多动力要素,需要学校管理者调动一切积极因素,克服一切不利因素,激活学校管理的动力,形成正向合力,最终助推学校的可持续高质量发展。

在"五比"中提升中小学校长管理的境界

在我国应试教育的背景下，广大中小学校长大都在竞相攀比各种统考分数，尤其是升学率的高低；在当前新课程改革与特色学校评比的浪潮中，又试图从"千校一统"中，创建"一校一特"；新任的校长不仅面临着与前几任校长在学校安全、教工待遇、办学业绩等多方面的比较，而且面临着校际之间，特别是同类学校之间的综合比较。从某种意义上来说，比较是必要的，因为这可以让中小学校长在科学比较中感受压力，增强动力，丰富智慧，续写辉煌。但是，也有不少中小学校长在学校管理中，由于错误的比较观念，包括比较的动机和比较的方法都存在问题，误导了学校的发展方向，使学校发展陷入困境，办学质量不断下滑，招致各级领导与社会各界的批评，校长甚至面临引咎辞职或就地免职的重压，因此苦恼不堪。为此，笔者提出"五比"法以抛砖引玉。

一、在纵向比较中凝聚共识

有一定历史的学校其发展都有一个长期的"韬光养晦"的过程，既有可资借鉴的优良传统，也有警戒后人的失败教训。即使是优良传统，也需要因时而变，不断丰富其时代新内涵，否则就不能进一步发扬光大。这就需要广大中小学校长，以科学的智慧，在适度的纵比中，分清所在学校发展中哪些是优良传统，哪些是历史糟粕，采取科学而大胆的实践，弘扬优良的传统，抛弃历史的糟粕，融入新时代的精神，实现学校的可持续发展。

中小学校长从上任伊始就需要学习和研究该校的发展历史，深入了解学校发展的曲折过程，全面而深刻地总结学校发展的辉煌或低谷的主要原因，深层次分析学校发展的经验和教训，在分析学校发展的优良传统与校史糟粕的基础上，寻觅学校发展的科学密码，特别是包括学校核心价值观在内的优秀传统文化，提炼出学校发展的校本策略，达成共识，以凝聚最广大教职员工的"精气神"，推动学校改革创新，激发学校发展的生机与活力，实现学校可持续发展。

广大中小学校长更要牢记教育改革是在历史和现实的交会点上，"取其精华，去其糟粕，革故鼎新，推陈出新"。既要防止借深化改革的名义全盘否定校史，人为割断校史，完全"另起炉灶"，标新立异，制造恐慌和混乱，使学校发展不进反退，又要防止不分精华与糟粕，全盘继承校史，俨然以"守夜人"的形象，不思改革创新，不敢作为，没有作为，让学校发展停滞不前乃至倒退，而作为校长，个人也难免成为学校历史发展的罪人。

二、在横向比较中寻觅规律

为了缓解应试教育的巨大压力和应对新课程改革与新一轮特色学校的评比，校际之间需要扩大开放，互通有无，取长补短，共同发展。然而，许多校长在外出考察学习中，往往存在"三多三少"的现象。一是"走马观花"多，深入学习少。一些校长打着改革开放的旗号，利用极短的时间，带着一群骨干教师，前往某名校考察学习，只是听听介绍，看看校园，就立刻返回，真可谓是"来也匆匆，去也匆匆"。二是"从众学习"多，科学选择少。许多校长惊闻当年某校升学率特别高，众多学校前往"取经"，也蠢蠢欲动，结果是听听感动，想想激动，回校不动。三是"照搬照抄"多，有机嫁接少。不少校长面对一些名校教育教学、教育科研、教育管理等方面的鲜活经验，往往"照搬照抄"，结果因"水土不服"，只好半途而废，前功尽弃，给继任者和学校的未来留下"烂摊子"，难以收拾。

经验只可借鉴，不可复制；差异只可缩小，不可消除；规律不是个性，而是共性。因此，广大中小学校长在学习和借鉴兄弟学校经验的时候，应在"三要"上狠下功夫。一要坚持现象与本质的有机统一。深入学习和了解有关学校丰富的"经验"现象是真象还是假象，这些现象的背后隐藏的本质是什么。二要坚持共性与个性的有机统一。任何学校总结提炼的经验都是个性的经验，都有其产生与发展的特定条件，但是，共性存在于个性之中并通过个性表现出来。我们要学会透过个性的经验，寻觅共性的元素，指导本校的教育教学与管理工作。三要坚持学习与创新的有机统一。学习的目的全在于应用。我们花费一定的人力、物力和财力，带着老师们外出考察学习，主要目的是取其精华，为我所用，助我成长。这就需要我们把他人鲜活经验的共性与本校的具体校情有机嫁接，真正做到尊重规律，认识规律，把握规律，按规律办事，而不是违背规律，盲目蛮干；也不是无视规律，使学习与实践相脱节，导致学习资源的严重浪费。

三、在类同比较中找出原因

为什么在学校硬件和软件条件大致相同或相近的情况下，有的学校发展很快，而有的学校发展缓慢；为什么同样一所学校，更换一位校长，学校的面貌就迥然不同。原因有许多，其中一个重要的因素就是"在一定程度上说，一个好校长就是一所好学校"。

不少校长在面对学校管理工作的失误，出现管理工作的问题，与同类学校发展存在较大的差距，进行归因分析的时候，常常存在"三重三轻"的现象。一是重客观轻主观。过分强调学校发展中的困难或同类他校的优势，忽视自身在学校管理中的有效作为等因素。这种过分强调客观原因，忽视主观原因的剖析，是机械唯物主义的错误体现。只有在全面分析主观与客观原因的基础上，侧重反思主观因素，才能更好地更新自己的教育管理经验，丰富自己的管理智慧，改善教育管理的行为，科学而充分地发挥主观能动性，提高管理效能。二是重历史轻现实。过分强调同类学校过去的辉煌历史为当下发展创造的有利条件，忽视同类学校目前深化改革与科学管理的现实，试图由此寻找更多安于现状的宽慰。历史是无法改变的，历史发展形成的客观现实也无法复制，但现实中一些具体的教育管理的做法可以借鉴和学习。三是重个别轻整体。重视个别现象或部分举措的分析，缺乏整体的了解和系统的思考，观察一点不及其余，难以全面分析同类学校较快发展的原因。学校的发展是一个系统工程，只有优化学校管理的各个要素，才能促进学校快速发展。

因此，校长们在寻觅本校与兄弟学校发展的差距，进行归因分析时，只有坚持主观与客观的结合，历史与现实的统一，个别与整体的融合，才能准确找到具体的原因，采取有效的对策，推动学校的科学发展，赶超同类学校，不断攀登学校管理的高峰！

四、在专项比较中彰显特色

新一轮课程改革与特色学校的评比，核心是引导各级各类中小学，把党和国家的教育方针与当地当时的教育资源有机结合起来，打造学校发展的新特色，彰显自身的个性，促进全体学生的个性化发展，切实改变我国当前中小学"千校一面"的现象。

广大中小学由于受长期应试教育的负面影响，往往轰轰烈烈地狠抓应试教育，强烈期盼让本校的升学率走在同类学校的前列，以凸显所谓的办学"实绩"。由此导致各校往往理念一致，手段单一，方法雷同，经验相似，严重缺乏办学特色。这必将影响学校的个性化发展和可持续发展。因为越是有个性的东西往往越具有生机和活力。

学校的特色主要来源于学校文化。为此，广大中小学校长在与同类学校的比较和竞赛中，应该着重在学校的文化建设上狠下功夫，主要做好"三个一"。一是有一个特色鲜明的校训。当下各级各类中小学的校训看似五花八门，实是基本相同，大都是"崇德、勤学、强体、尚美、求真、务实、创新"等。校训既要传承校史文化，彰显学校特色，相对稳定，简单好记，又要赋予其新的时代内涵,成为学校的核心价值理念,更要内化为一代又一代师生员工的自觉追求。二是有一个个性突出的课程体系。校本课程是国家课程的必要的有益的补充,更是学校特色的重要体现。中小学校长要高度重视校本课程的开发和使用,打造科学而系统的校本课程体系,由此推动教师的专业成长和学校的特色发展。三是有一个科学创新的行为文化系统。创新是学校发展的不竭动力。广大中小学校长要以不断创新的管理理念和行为,引领教师教学的理念和行为创新,促进学生学习观念和学习行为的改进,为培养创新人才奠定坚实的基础。

五、在综合比较中争创新业

由于受历史与现实、主观与客观、校内与校外等多种因素的制约,广大中小学的发展是有差异的。中小学校长只有正视这种差异,力求缩小差异,全面赶超,才能体现校长的担当与作为,显示校长的业绩和价值。

中小学校长在综合比较中,寻找差距,发现亮点,争创新业,应该着重在坚持"三少与三多"上不懈追求。一是少比硬件多比软件。由于各地经济发展水平和政府对教育的重视程度等差异,许多公办中小学的办学硬件设施的投入往往参差不齐。仅凭校长的努力难以明显改善学校的硬件条件,但校长可以在软件建设上多下苦功夫、硬功夫、善功夫,打造更为和谐的教师团队,提高办学效益,以更为出色的教育实绩实现政府和社会各界增加对教育的投入。二是少比基础多比进步。由于各种各样的原因,导致学校发展的基础往往不同。城乡学校、重点与非重点学校、公办与民办学校等在许多方面必然存在发展基础的不同。校长往往无法改变学校发展的基础,但可以更多地改变自己的管理理念与行为,通过深化改革,克难攻坚,实现学校的跨越式发展。三是少比得失多比奉献。苏霍姆林斯基说过,校长是教师的教师。教师要成为学生的榜样,校长必须成为教师的楷模。"得"与"失"是辩证统一的,有"得"必有"失",有"失"也有"得"。校长的无私奉献,必然会赢得师生的广泛赞誉,树立起良好的形象,增强校长的个人魅力，促进学校人际关系的和谐，推动学校的科学发展。倘若校长也在个人利益上斤斤计较，不仅影响校长的威望，更危害学校团队的和谐，影响学校教育事业的健康发展。

总之，广大中小学校长只有在科学而全面的比较中，寻找发展差距，肯定管理成绩，提振发展信心，增强前进动力，看到未来希望，不懈努力进取，才能不断开拓学校管理一个又一个的新境界，为人民的教育事业做出一个又一个的新贡献。

第二辑 >>>

生本德育

浅谈家庭教育的五重境界

家庭是社会的细胞。家长是孩子的商标，孩子是家长的名片。家长是孩子教育的第一任老师，也是孩子永远的老师。教育好孩子是家长的天职。家庭因为孩子的成长而自豪，也因为孩子的挫折而煎熬。为此，家长要在教育孩子的过程中，与孩子一起持续成长，不断提升家庭教育的境界，为家族的兴旺和社会的发展做出应有的贡献。

第一重境界：花钱境界——以金钱施予作为全部爱的表达

在我校与德国莱布尼兹一所文理中学的学生游学中，中方学生的费用全部由家长解决，孩子需要多少，家长就给多少。德方学生的游学费用全部由学生自行解决或者先向家长借钱，待往后自己利用假期勤工俭学挣钱之后再还给家长。从表面来看，中方家长似乎很大方，德方家长挺"吝啬"。其实，这反映了中德双方家长对孩子表达爱的方式的差异。中方家长认为，孩子还未成年，主要任务是学习，又没有经济来源，孩子游学的费用全部由家长支付是天经地义的，是家长对孩子爱的表达。德方家长认为，孩子只有从小树立正确的金钱观，知道金钱来之不易，学会攒钱与理财，才能珍惜金钱，珍惜当下的学习机会，增强自己的实力，为将来走向社会自主发展打下坚实的基础。

中德家长对待孩子的不同态度，折射出不同的家庭教育理念。有不少中国家长往往认为给孩子钱，就是爱孩子，钱给得越多就爱得越深。这些家长和孩子交流的媒介主要是金钱，导致孩子要用钱时才与家长交流，否则几乎不与家长交流，孩子不懂得金钱来之不易，花钱大手大脚，铺张浪费。

父母适当给孩子金钱，提供未成年孩子学习与生活的必要开支，是无可厚非的。但是，父母给孩子钱的数量和方式的不同，对孩子成长的影响也不同。父母对于大手大脚花钱的孩子，需要适当监控，要深入了解孩子花钱的时间和用途，与孩子一起做好预算与决算，杜绝花钱过多、严重影响孩子学习和健康的生活现象的发生。父母对过于节约用钱的孩子要适当引导，因为"不会花钱的孩子往往也就不会攒钱"，该花的还是要花。比如赈灾捐款，要让孩子学会"慷慨解囊"，否则会导致孩子社会责任感的缺失。父母发现孩子的开支突然大幅度增加，需要适时警觉，要弄清楚钱的用途，正当的花钱要支持，不正当的用钱要严格监管。

总之，父母要引导孩子树立正确的金钱观，让孩子懂得金钱要取之有道，用之有益，用之有方，学会勤俭节约，反对浪费。把给孩子金钱的过程视为一个重要的教育过程，防止只给孩子金钱，什么交流也没有的失当行为。

第二重境界：用时境界——陪伴与见证孩子的成长

当下很多家长因忙于工作、忙于家务、忙于应酬，很少有时间陪伴孩子。有的家长甚至早晨出家门，孩子未起床；晚上进家门，孩子正酣睡。亲子同住一屋，一月也难见几次面，导致亲子之间极少有时间相互陪伴与交流，孩子不愿与父母交流，或者只有一些应付性的交谈，没有深度的交心。久而久之，孩子的心门就对父母关闭，这时父母再费九牛二虎之力，也很难走进孩子的内心世界。

我校2008届有名学生，因父母都是公务员，没有时间和精力陪伴孩子，任凭孩子处于放养状态，结果孩子疯狂玩游戏，经常吃外卖，久坐不出户，导致身体过于肥胖，严重近视，学习成绩直线下降。父母心急如焚，但也无可奈何。一次偶然的机会，孩子的母亲聆听了一位教育专家的专题讲座，她对专家讲的两句话深有感触。一是"陪伴是最好的家教";二是"教育好孩子是家庭最重要的事业"。她决定认真践行上述理念。于是减少社会应酬,挤出时间,多陪孩子一起吃饭、一起打羽毛球、一起购物、一起旅游、一起看电视节目、一起进行课外阅读,等等。半年之后,母子交流时间增多,孩子精神面貌改观,身体状况好转,学习成绩显著提高。后来她的孩子以优异的成绩进入中央财大学习。该家长深感欣慰地说:"陪伴的确是最好的家教,只有家庭与事业双丰收,才能享有更大的幸福。"

第三重境界:规划境界——根据孩子特点制订目标

郎朗很小就受父母的影响,对音乐产生了极大兴趣,他的父亲为更好地监督郎朗学钢琴,辞掉了公安局的工作,带着郎朗到北京求学,科学规划和监督郎朗未来的发展,真是功夫不负有心人。郎朗3岁时开始学习钢琴,在5岁时就举办了人生中第一场钢琴演奏会,在7岁时参加沈阳的少儿钢琴比赛并获得了第一名。1991年,他以第一名的成绩考进了中央音乐学院附小钢琴科,师从赵屏国教授学习钢琴演奏。郎朗经过千锤百炼,终于成为世界上顶级的钢琴艺术家。

这启示了广大家长要以求真务实的科学态度规划孩子未来的发展。然而,当下很多父母望子成龙、望女成凤,不考虑孩子的实际,千方百计让孩子在课余时间参加各种各样的辅导班,这不仅加重了孩子的负担,压缩了孩子必要的休息时间,而且降低了孩子的学习兴趣,损害了孩子的体魄,导致孩子厌学、甚至厌世等不良后果。因此,家长要规划孩子未来的发展,不仅不让孩子"输在起跑线上",更不能让孩子"倒在终点线上"。家长科学规划孩子未来的发展,需要坚持四项基本原则。一是从实际出发原则。要充分考虑孩子的特长、兴趣与潜能。防止好高骛远或目标过低,避免盲目跟风与拔苗助长。二是民主协商原则。父母与孩子要达成共识,最终让孩子自主决定,如果家长"一言堂",孩子会产生抵触心理。三是大目标与小目标结合原则。坚持树立远大目标与当下具体的小目标结合,重视具体量的积累，最终达到质变。避免空洞的、难以实现的目标要求。四是科学督导原则。父母在规划孩子未来发展的过程中，要密切关注孩子的观念和行为，适时引导和监督，不可任其自然或包办代替。

第四重境界：干预境界——针对孩子问题有效引导

孩子在成长过程中，受各种因素的影响，不可避免地会遇到麻烦，经受挫折甚至灾难，诸如考试失利、交往失败、情绪失控、行为失范等问题，因为"人有悲欢离合，月有阴晴圆缺。此事古难全"。这需要家长密切关注孩子成长过程中的异常现象，联合各方面的力量，科学干预，积极引导，帮助孩子破解发展难题，让孩子承受住狂风暴雨，渡过急流险滩，闯过重重难关，奋力达到理想的彼岸。

某校高二刚组建的新班的班长叶某，遇见同班漂亮的女生徐某，十分喜欢，就寻找各种机会，通过交流学习问题，经常发短信对她嘘寒问暖，时而送礼物给她，多次请她吃饭，还以请她担任班长助理等多种方式献殷勤。可是，徐某并不买账。他因此陷入痛苦，在无可奈何之际，使出狠招，发短信威胁，如果不同意与他建立恋爱关系，就和她同归于尽。最后，还将书面遗书亲自交给她。她在惶惶不安之中，把情况告诉家长。家长得知后，一方面引导孩子妥善对待此事，另一方面立即与校方联系，请求学校关注事件的变化，并连续多天守在学校保护女儿的安全。校方了解到叶某单相思失控不能自拔，确实有了实施过激行为的念头，实在是控制不住了，请求学校为他调换学习环境。学校经多方联系，让叶某转学，由此避免了一场可能发生的悲剧。

第五重境界：共长境界——父母孩子一起持续成长

北师大肖川教授认为，素质教育就是一个不完美的教师带领一群不完美的学生共同走向完美的过程。同理，家庭素质教育就是两个不完美的家长带领一个（或几个）不完美的子女共同走向完美的过程。

　　教育孩子的实质在于教育自己，自我教育则是父母影响孩子的最有力的方法。小林上学时是个特立独行的女孩，经常把头发染得五颜六色，通宵玩游戏，玩极限运动，怎么潇洒怎么来。她结婚后生了孩子，参加了家长、学校培训后，就像变了一个人，每天生活规律，而不是"跟着感觉走"。为了陪孩子学习，她还参加了心理咨询师资格考试，每天和孩子一起学习、进步。她不仅成为孩子的好榜样，还为自己更新了知识库。为了更好地教育孩子，她不像从前只根据经验教育，而是对教育方法、教育技巧、孩子心理健康学习都有着迫切的需求。家长通过不断提升和完善自己，让家庭教育的方式更加合理，让孩子的成长少走弯路，这就是言传身教正确的教育方式。 家长为了孩子的健康成长，积极提升和完善自己。父母做最好的自己，才能引导孩子做最好的自己，成功实现父母与孩子一起成长。

浅谈怎样做最好的自己

李开复认为，成功就是做最好的自己。因为只有争做最好的自己，才能遇见最好的别人，赢得更多更好的发展机会，获得更加优质、更加丰富的发展资源，才能承担起应有的责任，创造更大的人生价值，才能持续享受成功的幸福体验。

做最好的自己就是与自己相比，每天进步一点，今天比昨天进步一点，明天比今天进步一点，坚持不懈地朝着理想的目标前进，是不断完善自己的过程。广大青年学生要做最好的自己，不断认清自我、完善自我与超越自我，主要可以从以下几个方面狠下功夫。

一、以科学的理想为自己定向

美国斯坦福大学先后历经25年的跟踪调查，对人生目标与绩效关系进行统计分析，结果发现：50%的调查对象目标模糊，不能自主，大多成为蓝领；27%的调查对象没有目标，随波逐流，生活困苦；20%的调查对象有明确目标，精心设计未来，进入白领和上流社会；3%的调查对象有目标，坚定不移并为之奋斗，成为社会顶尖人物和各行各业的领袖人物。由此可见，从小树立科学的人生理想，对于一个人一生的发展是多么重要！

理想不仅是美好的，而且是丰富多样的。理想可以分为社会理想与个人理想。我国的社会理想包括共同理想与最高理想。共同理想就是把我国建设成为富强、民主、文明、和谐、美丽的社会主义现代化强国。最高理想就是实现共产主义社会。个人的理想包括道德理想、求学理想、职业理想、家庭理想、交友理想等。道德理想就是做一个有道德的人。求学理想主要是指考上一个理想的学校，获得理想的学历和学位。职业理想就是找到心仪的职业。家庭理想主要是找到心爱的人，建立温馨的家庭。交友理想就是交上几个志同道合的挚友。无数实践证明，青年学生只有把个人理想与社会理想有机结合起来，才能最大限度地铸就人生的辉煌。倘若偏离社会理想，往往会陷入孤军奋战与孤立无援的困境之中。

我国高中生当下的理想就是坚持德、智、体、美、劳全面发展，为以后实现社会理想与个人理想奠基。"德"是指提升自己的道德水平。主要包括社会公德、职业道德、家庭美德、个人品德等四大方面。这就要求青年学生在社会上做个好公民、在学校里做个好学生、在家庭中做个好成员、在独处时做个好人，时时处处做有道德的人。"智"是指发展智力的教育。主要包括传授知识、形成技能、发展智力等。"体"是指增强自己的体魄。主要包括体育教育、竞技运动、身体锻炼等。"美"是指提升自己认识美、爱好美和创造美的能力。"劳"是指树立正确的劳动观点和劳动态度，热爱劳动和劳动人民，养成劳动习惯等。五育有机统一，相互影响，缺一不可。其中德育是灵魂，智育是基础，体育是保障，美育与劳育是重要力量。青年学生只有坚持德、智、体、美、劳全面发展，才能真正成为中国特色社会主义事业的建设者和接班人。

二、以积极的进取为自己蓄能

曾经在网上流传的黄国平《博士论文答谢词》，感动了许多人。他出生在四川一个小山坳里，十二岁时母亲离家，十七岁时父亲离世。外婆照顾他十七年。在煤油灯下写作业或者读书都是黄国平晚上最开心的事。高中之前的主要经济来源是夜里抓黄鳝、周末钓鱼、养小猪崽和出租水牛。上课时，因拖欠学费而经常被老师叫出教室约谈。雨天，穿着湿漉漉的衣服上

课，屁股后面说不定还有泥。夏天光着脚走在滚烫的路上。冬天穿着破旧衣服打着寒战穿过那条长长的过道去领作业本。但是，他一直盼着走出大山。他的信念很简单："把书念下去，然后走出去，不枉活一世。""如果还能做出点让别人生活更美好的事，那这辈子就赚了。"他是一个不畏贫寒、不怕困难、不断进取、用学习改变命运的典型人物。

青年学生勇于进取，力争在德、智、体、美、劳全面发展的同时，重点在学会自立、学会学习、学会生活等方面多加磨练。学会自立就是要有独立思考，不人云亦云；自己能做的事情自己做，不依赖别人；自己应该承担的责任自己承担，不推卸责任。学会学习主要是掌握学习的规律，找到适合自己的学习方法，养成良好的学习习惯，善于广泛而深入地学习，科学反思和改善自己的学习观念和行为，不断提升学习的效率。学会生活主要是遵循生活的规律，养成良好的生活习惯，讲究健康的生活方式，自主满足自己的生活需求，做优雅的生活者。

三、以不懈的坚持给自己定力

荷花定律告诉我们，一个池子里的荷花，它每天开放的速度都会是前一天的两倍，到第三十天时，就能把一个池子开满。荷花开了半个池子时是第二十九天，最后一天荷花就从前一天的一半，开满了整个池子。这个定律很好地诠释了坚持到底就会有更大的收益。

青年学生不仅要在他律中坚持，更要在自律中坚持。真正的教育是自我教育。真正的坚持是自我坚持。美国哈佛大学的研究表明，一个人的成功主要在于业余时间坚持自我学习和实践。因此，发展的差异往往是自律中坚持的结果。

我们不仅要在顺境中坚持，而且要在逆境中坚持！正如马云所言，今天很残酷，明天很残酷，但后天很美好，绝大多数人都死在昨天晚上，而看不到后天的太阳。只有坚持把逆境作为发展的机遇，而不是把逆境当作绊脚石，才能获得更大的成功。

我们不仅要在年轻时坚持，更要学会终身坚持。人的一生不是一场短跑，而是一场马拉松赛，需要终身坚持。"学习充电一阵子，就可放电一辈子"的时代早已过去，我们需要终身学习充电和修身。在现实生活中，有的人由于晚节不保，导致前功尽弃，遗憾终身。

四、以有力的反思为自己清障

伟大的人民教育家陶行知认为学生每天应该做到"四问"：一问自己的健康有没有进步；二问自己的学问有没有进步；三问自己担任的工作有没有进步；四问自己的道德有没有进步。

经验+反思=成长。反思的实质是承认问题，提出问题，分析、解决问题并提出新问题。中国共产党的百年辉煌，取得成功的秘诀之一就是自我革命。中国共产党在遭受挫折或麻烦等问题时，总是坚持进行深刻的自我反思，自我纠错，砥砺前行，带领全国人民克服千难万险，迎接一个又一个的新的伟大胜利。

青年学生正处于人生茁壮成长的关键期，难免会遇到各种各样的新问题，更需要学会反思。坚持问题导向，善于直面问题，学会分析问题，合理归因，把化解问题作为自己成长的动力。正如以色列人所言，人要想有大进步，就必须研究和解决大问题。

五、以互利合作为自己借力

李嘉诚的司机给李嘉诚开车开了30多年，准备辞职离去。李嘉诚看他兢兢业业干了这么多年，为了能让他安度晚年，拿了200万元的支票给他。司机说不用了，一两千万还是拿的出来的，李嘉诚很诧异，问："你每个月只有五六千元的收入，怎么能存下这么多！"司机回答说："我在开车的时候，听您在后面打电话说买哪个地方的地皮，我也会去买一点，您说要买哪只股票的时候，我也会去买一点，到现在已经有一两千万元的资产！"

上述案例对我们优化合作至少可以有三点启示。第一要与优秀的人士在一起，可以获得更多成功的机会。俗话说：萝卜炖萝卜只有萝卜的味道，唯有萝卜炖肉才有更美的味道。因此，青年学生要多与那些品德优良、学习成绩优秀、各方面表现优秀的人交朋友，要远离那些品行不端、好吃懒学、得过且过的人。第二要善于发现和学习优秀人士的闪光点，取人之长，补己之短。要防止对优秀人士的优点视而不见，而对他的某些不足感兴趣，选择弃优取劣，让自己误入歧途。第三要善于建立与优秀人士长期的合作关系，持续分享他的优质资源。常言道，物以类聚，人以群分。只有那些让自己变得越来越优秀的人，才能更好、更充分、更持续地分享优秀人士的智慧！

做最好的自己是一个长期而复杂的修炼过程，不可能一蹴而就。需要在学习、实践与反思中，丰富智慧，增长才干，完善人格，提升境界，不断开拓进取，攀登一个又一个的人生高峰。

如何尽快适应普通高中的学习生活

——与高一新生的谈话

什么是最好的学校？不同的人对这个问题的回答往往不同。马云说："杭州师范大学是世界上最好的大学。"一般来说，最合适自己发展的学校才是最好的学校。我们刚刚从初中毕业，带着好奇和期待，凭借自己的实力，走进了省一级重点中学。如何适应高中的学习生活，实现梦想，成为我们高一新同学的当务之急。

浙大老校长竺可桢对大一新生说："诸位在校，有两个问题必须自己问问，第一，到浙大来做什么。第二，将来要做什么样的人。"其中的"自己问问"，体现了自主思考；"将来做什么"与"做什么样的人"，体现了把学会学习与学会做人统一起来。

为此，我就高一新同学如何尽快适应高中的学习生活，提几点建议，供同学们参考！

一、树立自主观念，学会独立思考

树立自主观念，学会独立思考，不仅是学生成长、走向成熟的重要标志，更是个性化发展的需要。然而，独立思考不等同于绝对自由的思考，而是切合实际、遵循规律、贴近学科、富有新意的思索。

首先，学会独立思考，要切合实际。这里的"实际"包括学生个人、学校、家庭、国家、世界等实际状况，而且这些实际是相互联系、发展变化的，我们必须考虑当时当地的实际。比如，一个高中生升大学的理想，就必须建立在上述实际之上，既不能好高骛远，也不能过分低于现实情况。只有这样的升学理想，才能有更大的激励作用，实现的可能性也更大。

其次，学会独立思考，要遵循规律。规律是客观的、普遍的，这就要求我们尊重规律，而不是违背规律；同时，我们要学会认识规律，把握规律，运用规律，学会学习与学会生活，提高效率。比如，我们的学习不能不用功，也不能太用功。其中就蕴含着"大脑运动的规律"，如果不用功，大脑会"生锈"，导致大脑运转不畅、不深、不远；假如太用功，大脑会"疲倦"，导致大脑运转得不快、效率不高。这就需要我们劳逸结合，这样才能促进智力和体力和谐发展。

再次，学会独立思考，贴近学科。高中阶段的学科比初中阶段的更多、难度更大、要求更高。每门学科的内容既有共性，更有特殊性。我们在独立思考中，要学会立足整体，重视不同学科内容的特点，在共性方法的指导下，学会学科化的独立思考。比如，我们回答有关政、史、地等主观题，就必须运用政、史、地学科的相关知识回答有关问题，而不能用普通的语言回答学科问题。同理，一般来说，我们也不能用政、史、地的学科语言来解答数理化学科的问题。

最后，学会独立思考，要富有新意。企业界流行着这样的话：只有与众不同，才能获得成功。坚持人无我有，人有我优，人优我特，人特我转。创新是推动高质量发展的第一动力。培育学生的创新意识和实践能力是素质教育的重点。高中学习要敢于提出新观点，拓展新思路。比如，学习上与众不同的方法，工作中与众不同的举措，生活中与众不同的方式，实践中与众不同的成果等。但是，这些与众不同，都建立在贴近实际、顺应规律的基础之上，这样才能为大众所接受。

二、主动参与课堂，学会高效学习

孟照彬教授经过多年多地的实践研究，总结提炼出MS—EEPO有效教学理论——组合不同要素的不同组合排列效果不同。

第1种：学生单纯看，学习效果是20%。

第2种：教师讲，学生听、看，学习效率只有30%。

第3种：学生讲、听、看、想结合，学习效果达50%。

第4种：讲、听、看、想、动与静转换，学习效果可达70%。

第5种：各要素有机巧妙组合运用，教学效果达90%。

上述理论启示我们，在课堂学习中，只有学会调动一切教学要素，主要是看、讲、想、做、动、静以及各要素交换使用，优化组合，才能不断提高课堂教学的效益。

一要学会"看"。"看"包括看书、看黑板、看师生的表现等。在看书中，学会泛读与精读、快读与慢读、朗读与默读、一般读与扮演角色读、各自读与一起读等各种各样"看"的方式。在看黑板（或课件）中，要紧跟课堂的活动步伐，学会在立足整体中，快速浏览与重点观察，把看与思紧密结合起来。在看师生的表现中，要学会透过现象看本质，适时调节自己的情绪与行为。

二要学会"听"。学会倾听是一个人的重要修养，也是提高课堂学习效率的重要因素。在课堂学习中，我们要集中精力，排除一切干扰，学会虚心和仔细倾听。既要倾听老师的讲解，又要倾听同学的发言；既要听悦耳的声音，也要听刺耳的杂音；既要听，更要想；既要防止被动傻听，也要防止轻听乱想。

三要学会"想"。学而不思则罔，思而不学则殆。我们在课堂学习中的想，主要是在自学教材中，想一想文本的重点、难点与疑点，善于提出问题，学会分析问题和力争解决问题。在聆听老师的讲解中，想一想老师讲得的内容对不对、懂不懂、好不好，还有哪些不同的意见和建议。在聆听同学的发言中，想一想同学发言的优点、不足及其改进的新想法。

四要学会"说"。在看、听、想的基础上，学会"说"，是同学们学习效率和实力的集中体现，更是个人整体形象的展示。为此，同学们在课堂学习中，要竭尽全力"说"好。对于老师的个别提问，力争充满自信、挺直腰杆、声音响亮、切中要害、精准回答，不能没有自信、声音轻微、不得要领、拖泥带水。对于同学发言后的补充要紧扣不足、精准发力、恰到好处。对于小组的讨论，要主动参与、贴近主题、言语简练、务求新颖。

另外，在课堂学习中，要全身心投入，学生把看、听、想、说有机结合起来，在动与静的有机转换中，争当学习的主人，最大限度地提升学习的效率。

三、打造温馨寝室，营造优雅生活

新东方创始人俞敏洪在北京大学求学四年，默默为本寝室同学打开水四年，拖地四年，周末给本寝室同学在露天电影场摆放条凳四年，给本寝室同学留下终身难忘的印象。后来，俞敏洪创办新东方遇到一些困难，本寝室的同学从五湖四海赶来相助，同心协力将资产仅有1亿元的新东方打造成市值300亿元的上市公司。

由此可见，打造温馨的寝室，在同学和谐互助中建立的纯洁而深厚的友谊，这是一笔十分宝贵的精神财富，这种精神财富在一定条件下也会转化为物质财富。

济南外国语学校三箭分校同寝室的6名男生，高中经过三年的拼搏，全部跨入浙江大学的校门。其中一个重要的原因是本寝室建立和完善了"晚就寝熄灯前10分钟的卧谈制度"。每晚就寝熄灯前十分钟，全寝室同学洗漱结束后上床，交流分享当日的学习心得，再由寝室长总结归纳，并定期民主评议学习分享积极分子，其他同学一起购买奖品进行奖励。由此形成了优良的寝室学习文化，为全寝室同学的学习丰富了资源，增强了学习动力，实现了合作共赢。

因此，建设温馨和谐的寝室，需要同学弘扬奉献精神，也需要建设健康向上的寝室文化，更需要全寝室的同学做好自己的事情，严守寝室的纪律。

四、坚持统筹兼顾，促进全面发展

系统思维要求我们立足整体，注重系统内部各要素的有序性和优化组合，力求系统功能最大化。高中生要把德、智、体、美、劳全面发展作为一个整体，重视各个方面的优化组合、相互促进，加快自己高质量发展的步伐。

德、智、体、美、劳全面发展是一个系统，德育不好可能是危险品，智育不好可能是次品，体育不好可能是废品，美育不好可能是物品，劳育不好可能是饰品，只有德、智、体、美、劳全面发展的人，才是时代的精品。在应试教育的背景下，很多高中生过分重视智育，而轻视它育，往往导致个人畸形发展，甚至危害社会和国家。比如，高某某，从小智力超群，小学时就开始学习高等数学，清华大学毕业后，又考入美国斯坦福大学，求学之路一直高歌猛进。但是，她向来自以为是、目中无人，尤其是她用破解我国北斗系统的民用数据，换取美国的绿卡，成为新时代的典型"汉奸"。为此，清华把她从校友中除名，其父被迫辞职，原聘用单位解聘了她，她想回国也不能，这都是重智轻德带来的严重恶果。所以，坚持德、智、体、美、劳全面发展，必须坚持德育为先。

做一个德、智、体、美、劳全面发展的高中生，不是一句空洞的口号，需要科学的规划，务实的行动与自觉的坚持。当然，全面发展不是平均发展，而是在全面发展中，扬长避短，促进个性化发展，打造自己的独特优势和亮点，才能成为中国特色社会主义的合格建设者和可靠接班人。

生本德育的理念和实践思考

综观各级各类学校的德育,常常出现师生疲于应付,效能低下等问题,主要原因是学校德育没有真正坚持以生为本,没有走进学生的心灵,没有真正满足学生道德成长的有效需求。为此,我们需要深化生本德育的供给侧改革,深度研究生本德育的规律,把握生本德育的方法,追求生本德育的高效性。

一、秉持"孩子"理论,更新生本德育的观念

"孩子"理论主要是指教师通过换位思考达成对学生的同理心,找到解决教育教学问题的正确方法,有效解决教育教学问题的理论。其主要内容包括以下几方面。

1.假如我是孩子,站在学生立场思考和解决问题

站在学生立场就是综合考虑学生的年龄、知识、能力、思维、心理、性格等综合因素,思考、分析与解决学生的德育问题。

于漪老师在《智慧的源泉》中,分析了青年人喜欢周杰伦歌曲的主要原因:一是他的不少歌曲从《诗经》等古典名章中找灵感,这些经过包装的传统文化元素,让孩子乐意接受;二是现在独生子女独处一室无人倾诉,烦闷时哼哼周杰伦的说唱音乐,是一种很好的宣泄;三是周杰伦的歌曲好就好

在学不像。这说明周杰伦的歌非常善于抓住青年人的心，贴近青年人的现实需求。

很多时候，我们总以为德育活动与学生心连心，实际却与学生心离心。比如，某校评选2020年校内十件大事，结果学生与老师的答案完全不同，这说明该校师生的信息来源、价值观念与思考问题的方式存在很大差异。为此，我们要避免站在成年人的立场上对学生进行空洞的说教，而是要更多地站在当下学生的立场上思考和解决问题。

2.假如是我的孩子，怀着真心热爱学生的心做好德育

爱是教育的前提，没有爱就没有教育。教师唯有心怀真爱，才能让学生信其师，信其道，乐其教。魏书生老师说："爱自己的孩子是人，爱别人的孩子是神。"教师要把博大的爱的阳光洒向全体学生，全心全意呵护所有学生的茁壮成长。

教师的真爱是真诚的。教师对学生的真爱，要让学生真正接收和体验到这种爱并非易事。北师大的一项调查研究表明，教师对学生的爱能够让学生真正感受教师爱的比例仅占12%。有的学生认为教师的爱是虚情假意，有的学生认为教师的爱是出于功利，也有的学生觉得教师的爱总是在应付，等等。到底是教师没有奉献真爱，还是学生没有怀着感恩的心，不理解教师的爱？这需要教师深入研究，反思原因与改善行为。

教师的真爱是平等的。这种爱不分性别、不论相貌、不管成绩、不问家庭、不看表现，都一视同仁。尤其是对极少数"四位一体"的后进生，即思想品德不端、学习成绩不良、相貌不佳、家庭贫困的学生，教师要持续付出更多的爱，耐心促成他们的转化，这确实不简单！不少教师对教育好极少数特别难教的后进生，往往缺乏信心，或者任其自然，或者高温高压，或者无可奈何。其实，转化好一个后进生绝不会比教育好一名优等生容易。教师只有与难教的后进生共处与共长，才能丰富教育的智慧，提高教育的境界。

教师的真爱是立体的。这种爱既有精神的，也有物质的；既有学习的，也有生活的；既有校内的，也有校外的；既有当下的，也有长远的；既有直接

的，也有间接的；等等。教师要把爱的阳光洒向全体学生成长的方方面面和全过程，让学生因感动而心悦诚服地改变。

3.不能把孩子仅仅当成孩子，坚持用变化发展观点看待学生

教师面对当代早熟、开放、复杂的学生，常常存在老办法不好用、硬办法不能用、软办法不顶用的现象，迫切需要教师更新教育观念、深化教育研究、运用变化发展的观点看待学生，充分认识新时代学生的新特点，提升教育的实力。

在一次外出考察学习中，与一位小学三年级女生的谈话，使我刻骨铭心，终身难忘！

问："你的班主任老师对你好吗？"

答："对我不好！大家都说她是一位超级变态的老师。"

我听后十分惊讶，又问："你能否举几个具体的例子说明一下？"

答："每次同学犯错，都罚抄字，好像教育只有一种方法。她还说这样做是一举两得，字抄好了，缺点也改正了。其实犯错的同学字写得越来越差，问题也越来越多。每次音、体、美老师外出，她都叫我们上语文课。其实我们都很想上音、体、美的课，根本不想上语文课。班主任老师觉得好像只要学好语文课就可以了。她作为语文老师，普通话不标准，该翘舌的不翘，不该翘的乱翘。大家听着都觉得很恶心。有一次，她让全班同学投票推选先进老师的时候，她竟说，'小朋友请注意，9号是我，是一定要选的，其他号可以不选'。这真是变态。"

该生上述的回答警示我们，绝不能把孩子仅仅当作孩子！她的回答告诉我们对学生的教育要具体问题具体分析，不能用一种方法教育所有学生，要树立全面发展的观念，要提升教师专业水平，要坚持身教重于言教，等等。为此，教师需要把学生看作"小大人"，蹲下来与学生平等对话，防止自以为是，居高临下，一意孤行。

二、理解"三大"功能，掌握生本德育特点

立德树人要用好"三大"功能：发现、预见与改变。

1. 贵在发现

一般地说，没有发现就没有教育。教师发现学生的兴趣、特点和需求是德育的基础。我校2008届有名男生在高一入学时，中考成绩在810多名高一新生中位列第224名，到高一年级末的总评成绩位列年级第798名，高考成绩却位列年级第50名。他为什么能够在学习成绩严重下滑的情况下，触底反弹，取得不错的高考成绩呢？最主要的原因是他妈妈的"啰唆"。人们大多厌烦啰唆，但是，他母亲发现，啰唆对促进儿子学习进步很管用。当儿子学习上存在问题时，她就长时间给他打电话，让他觉得实在太烦，还是老实学习，提高成绩，以减少妈妈的啰嗦！可见，最有效的教育方法是贵在发现和科学运用适合学生的方法！

教师可以通过各种各样的途径，发现学生的变化与教育需求。其主要的途径是日常细心的洞察、学生的交流、与家长的沟通、与社会有关方面的联络等。比如，班主任在班级巡课中发现一位学生上课老是昏昏欲睡，经过了解，发现该生正面临"失恋"的折磨，彻夜难眠。班主任及时交心引导，让该生走出恋情的困扰，告别昨天，打起精神，继续前行。

2. 智在预见

教师对学生变化的科学预见是德育的重要保障。有人对一个反面人物进行研究发现，他在小学时学习成绩差，拍毕业照被排在最后一排，可能对他以后的成长留下很深的阴影。这一研究是否符合实际，我们不得而知。但是，教师选择的教育方法对学生都有影响，这种影响可大可小，也有积极与消极之分、眼前与长远之别，这是毋庸置疑的。

一位年轻的班主任发现班里有名女生把自己的头发染成五颜六色，就随口说："把头发染成五颜六色，那是不三不四的女人做的，你怎么能这样

做呢？"该生顿时脸色苍白,内心十分不满。放学回家后,即跳楼自杀。后来人们发现她的遗书:"班主任说我是个不三不四的女人,我没脸做人了。"教师一次不经意的批评,竟然会酿成如此严重的后果,班主任万万没有预见到。

其实,上述女生可能已经存在比较严重的心理问题,只不过班主任的批评是压死骆驼的最后一根稻草。因此,教师针对当下许多学生心理较脆弱的特点,在选择和使用教育学生的方法时,要充分考虑学生的特殊情况,科学预见这种方法可能对学生产生的影响,尤其是最坏的消极影响可能是什么,特别是对于那些平时性格十分内向的学生,教师在选择与运用教育方法的时候,务必慎之又慎,严防极端意外情况的发生。

3.重在改变

这里的改变包括师生的共同改变。教师主要是观念、习惯、态度、方法、行为等方面的改变,不断提升教育的境界。比如,有的教师对应试教育的观念根深蒂固,老是想通过题海战术和加班加点的办法,来提升本学科的应试成绩,招致学生、家长与同事的反感,却依然我行我素,不予悔改,在错误的道路上越滑越远,导致自己吃力不讨好,同事和学生也怨声载道,必须切实反思和改善自己的教育观念和行为。

学生的改变主要包括德、智、体、美、劳诸方面的观念、情感、态度、知识结构、习惯、方法、能力等。比如,有的学生严重缺乏整理学习资料的好习惯,总是丢三落四,自己的抽屉简直就是一个垃圾箱,有时一张讲义半天都找不到,把很多的时间和精力浪费在找学习资料之中。对此,教师要精心指导此类学生学会自己整理学习资料和生活用品,通过精心指导、同伴互助和检查评比等方式,引领这些学生养成科学整理物品的良好习惯,节约找东西的时间,不断提高学习效率。

三、开展"专题"研究,改善生本德育的行为

教育即研究。教师及时有效地把生本德育中的问题,转化为研究的课题,在课题研究中,丰富师本德育的智慧,通过新的智慧破解生本德育的难题,有助于改善生本德育的行为。

这里的"课题"既包括综合性的宏观课题,也包括微观课题;既包括各级各类的立项课题,也包括自选自研的非立项课题;既包括自己独立研究的课题,也包括自己与他人合作研究的课题;既包括短时研究的课题,也包括长时研究的课题,甚至还包括终身研究的课题。比如,笔者在生本德育中,进行过"后进生转化的艺术研究""班主任工作的先与后"等小课题的非立项的独立短时的生本德育课题研究,也主持了"农村普高生本德育路径的实践研究"等综合性的省级立项的合作长期的生本德育课题研究,该研究成果获得省级一等奖并在《人民教育》公开发表。

有些教师没有生本德育的系统课题,只有碎片化的个案研究。但这种研究往往是不系统的、不自觉的、不深刻的,不利于更好地持续提升教师生本德育的研究能力。而生本德育课题的研究往往是比较系统的、自觉的、深刻的。这种有课题的研究常常倒逼研究者不断学习,大胆实践,深入思考,科学提炼,取得与众不同的鲜活经验,为进一步推进生本德育的探究提供丰富而充分的依据。

生本德育是一个系统工程,也是一个永恒的研究课题。这需要广大教育工作者,在研究中学习,在学习中研究;在合作中研究,在研究中合作;在研究中反思,在反思中研究,攻坚克难,开拓进取,为增强生本德育的针对性和实效性赋能聚力,不断提升德育的新高度。

高三家长的困惑与建议

有人说，未经历过高三的家长往往是不完整的家长。子女上高三时，众多家长揪心，担惊受怕，备受煎熬！其实，这也是广大家长一次更深度学习的良机。

人生是一条长长的线，高三是一个重要的点。把握好高三这个点，常常会影响孩子未来的几十年。这就需要广大高三的家长积极抢抓机遇，奋力迎接挑战，助力孩子在高考冲刺的这一年"百尺竿头更进一步"，顺利跨进理想的高校，实现阶段性梦想。

然而，广大高三的家长也存在许多困惑，需要及时破解。为帮助家长走出困惑，笔者提几点建议，供大家参考。

一、如何指导孩子制订科学的高考目标

最有可能实现的目标，也就是我们通常说的"跳一跳能摘到的苹果"，对人们的激励作用最大，对人的奋进会产生巨大的推动力。因此，高三家长对孩子未来高考目标的确定，既不能好高骛远，也不能悲观失望，而要从实际出发，制订科学的高考目标。

这里的实际主要包括：我省高校招生的实际和你的孩子拥有参加高考选拔条件的实际。比如，2020年全省共32.6万考生，实际招录30.77万人，总录取率达到94.38%，与去年基本持平，包括普通高考招生录取25.41万人，

录取率为94.78%；单独考试招生录取5.36万人，录取率为92.57%。其中一段线招收20%，为6.5万多人。学生参加各类测试考试的实力包括"三位一体"考试、高校自主招生考试、音体美特长生考试、高职单考单招、全省统一高考等实力。家长要根据孩子的兴趣和特长，关注和指导孩子参加有关的高考招生活动，争取理想的高考成绩。只要我们对此竭尽全力，无论结果如何，都应无怨无悔，都要坦然接受。

二、如何看待孩子的成绩波动

据有关方面统计，每次大型的考试大约有60%的考生发挥正常；20%的考生发挥失常；20%的考生发挥超常。因此，考试成绩是考生综合素质的体现，是必然性与偶然性的统一。

学生考试成绩具有一定的必然性，一般来说，基础好、能力强、身体好、心态好的考生可以考出优良的成绩；同时，学生考试成绩受偶然因素的影响，包括命题难度、考点选择、阅卷影响、身体素质、考生心态等。比如，有的学生比较适应中等难度题，有的学生却适应难度较大的题；有的学生准备比较充分的考点，本次考试选得较少，而准备不够充分的考点，本次考试又选得较多；有的学生书写过于潦草；有的学生在考试期间身体欠佳；有的学生考试心态不良等因素都可能影响本次考试成绩。所以，在某次测试中，孩子的总分在年级的排名出现几十个名次的波动是完全正常的，假如出现几百个名次的波动，就有点异常，也不必手足无措，应该冷静下来分析，找到原因，然后对症下药。

家长对待孩子的考试成绩要全面、科学地比较分析。纵比看进退幅度，横比看差异大小，细比找进步亮点。对每次测试情况分析，要善于寻找闪光点，激励孩子进步，科学分析失误点，指导孩子分析原因与寻找对策。尤其要正确认识失误点的价值。一次失利的暂时考试，让我们趁早暴露问题、发现问题、解决问题，防止以后考试再犯同样的错误，把考试遗憾留在高考之前。因此，正确诚可贵，错误价更高，若要成绩好，两者都需要。

三、如何关注孩子与异性之间的过密交往

逐渐成熟的青少年男女萌生对异性的爱慕之情，是完全正常的。但是，如果异性学生之间感情失控，如江河决堤，那是不正常的，应引起高度注意。为此，我们既要承认人的自然属性，更要发挥人的社会属性的积极作用，正确引导自然属性的生长。

男女生之间的正常交往，我们应该提倡与支持，而对男女生之间的不正常交往，需要引导与管控，不能完全任其自然，在危险的道路上越滑越远。我校2013届一名普通班的男生在高二时，非常喜欢同年级某个重点班的女生。他千方百计寻找一切机会与她交往，还经常想送礼物给她，都受到她的拒绝。他因此陷入无限的痛苦，身体明显消瘦，学习成绩严重退步。男生的家长发现此事后立即告诉他的班主任。他的班主任及时与女生的班主任联系，共商对策。女生的班主任要她主动与他交心。女生对他说："等你考上'一本'后再来找我，现在我们都需要集中精力搞好学习。"他听后热血沸腾、浑身是劲，从此发奋苦读，学习状态显著好转，最终以比她更优异的成绩考上名牌大学，与她在同个城市上大学后，双方正式开始交往。

家长如果发现孩子突然注重打扮，突然花钱过度，与某异性同学的电话过多，聚会频繁，接触亲密等现象，需要引起警觉。发现问题要及时正确引导。家长对待男女学生交往过密的态度也不尽相同，主要有三种类型。一是放任型。他们认为孩子与异性之间的交往都是正常的，不必大惊小怪，一切顺其自然。这很可能导致严重的、不可逆的后果。二是高压型。家长发现孩子与异性之间有密切交往，就采用高压手段，严厉禁止，甚至对孩子实施过度惩罚。这很可能逼着孩子走向极端。三是引导型。对孩子与异性的过密交往，科学引导，发挥其积极的作用，控制其消极影响，让孩子学会与异性之间正常交往。

四、如何调适孩子紧张的心理状态

进入高三的学生，总体上都会紧张起来，但是不同的学生紧张程度不尽相同。这主要表现为三种类型：过度焦虑型、过度不紧张型、适度紧张型。过度焦虑型的学生，从早到晚都处于高度紧张状态，老是担心考试成绩不好；过度不紧张型的学生认为，反正自己的成绩就是那样了，再用功也没有多大用处，还是得过且过吧；适度紧张型的学生，能够比较科学地安排好每天的学习和生活，学习成绩持续进步。

心理学研究表明：人处于适度紧张时，其聪明才智能够得到更充分的发挥。比如，世界首富比尔·盖茨常常利用离上车或登机之前的几分钟，思考一些疑难问题，往往会豁然开朗。所以，家长对于过度焦虑的孩子要适度减压，对放任自流的孩子要适度增压，对适度紧张的孩子不必干预。

家长对于过度紧张的孩子进行减压可从三个方面着手：一是自己一定要内紧外松，不把自己紧张的情绪传递给孩子，增加孩子的心理负担；二是要善于发现，关注孩子的细节变化，比如考试失误后的情绪失控，晚上经常失眠等问题；三是要及时引导，家校联动，运用行之有效的方法，对孩子的行为及时加以矫正。家长对于过度不紧张的孩子，要进行正面指导，对他们提出具体的要求，让他们正确认识高三的重要性、坚持的必要性与成长的紧迫性，加大他们的学习压力和动力，以积极进取的精神，投入高三紧张的学习生活。

五、如何增强孩子的身体健康

常言道：人的健康是"1"，事业、家庭、爱情等都是"0"，没有健康这个"1"，"0"再多都是徒劳的。所以，增强孩子的身体健康，是孩子搞好学习的本钱，是孩子赢得未来幸福的基础。

保持身体的健康状态是一个系统工程，需要注重科学的饮食、适度的锻炼、必要的睡眠、良好的环境、健康的心态等因素，防止片面强调某个因素,而忽视其他因素。科学家告诉我们,一个人一天的饮食,一般吃10个拳头大的食物。其中1个拳头大的肉食、2个拳头大的主食、3个拳头大的蔬菜、4个拳头大的水果。这告诉我们个人每天的饮食既要重视控制数量,更要重视其合理的结构,防止偏食与暴食。科学地搭配与摄入营养,才能真正促进人的身体健康。

高三家长普遍想加强孩子的营养,于是让孩子吃过多的补品。这种心情是完全可以理解的。但是,做任何事情都要讲究科学适度。各位家长既要考虑孩子的心情,又要考虑孩子的需求;既要考虑食品的安全,又要考虑食品的数量;既要考虑孩子的营养,又要考虑孩子的吸收。凡事做过了头,往往会适得其反。

六、如何学会与孩子有效地沟通

许多高三家长喜欢经常过问孩子的考试成绩,常常导致孩子的反感,或者总是听到孩子"还好"的回答。很多高三的学生接到家长的电话,往往极短的时间就挂断。这些现象,从一个侧面体现了亲子沟通不顺、低效,甚至无奈。

高三家长学会与孩子的沟通,及时了解和把握孩子在校的学习和生活动态,尤其是关注孩子在校的异常情况,对于引导孩子解疑释惑,安全健康学习与生活,非常重要。某校高三A班开展班长竞选活动,其中一位竞选者是体育尖子生,得票最高,但班主任综合各类因素,没有让他担任新的班长,而是让他继续担任班级体育委员。他从此怨恨班主任,放松学习,学习成绩直线下降。因为该生平时与家长极少沟通,且沟通存在障碍,家长到了寒假才得知情况,最终只好尊重孩子转学的请求。孩子在新的学校一时难以适应学习生活,导致高考严重失利。

高三家长学会与孩子的沟通需要坚持五项原则。一是倾听原则。耐心仔细倾听孩子的述说,是走进学生心里的前提。那些不愿倾听或不善倾听的家长,只能让孩子紧闭心扉。二是提问原则。家长对孩子述说中的不当之处，不是立即强加自己的观点，而是引导孩子自己深度思考，自己得出正确的结论。如果孩子难以找到正确的答案，家长再适时引导。三是同理原则。家长要学会换位思考，善于站在孩子的立场上思考问题，尊重和包容孩子的想法。四是等待原则。孩子的成长是个复杂的过程，家长要有耐心静待花开，不能操之过急。五是合力原则。家长不能"一个人在战斗"，要学会调动各方面的积极因素，运用多种手段，合力帮助孩子在成长中克服前进道路上的各种困难。家长若一意孤行，孤军作战，只会陷入孤立无援的困境。

中小学班主任撰写个性化学生评语的困惑与对策

广大中小学班主任，常常为每个学期要撰写学生的评语而感到苦恼。不少教师连续担任同一个班的班主任多年，每个学期给学生写的评语不仅内容抽象，没有体现学生的特点，而且每个学生评语的内容大同小异，缺乏应有的个性化表述。这不能充分发挥班主任评语对学生的诊断、激励与导向作用。

一、班主任难以写出个性化学生评语的归因分析

1. 对学生了解不具体、不全面

对学生了解不具体、不全面，导致评语难以个性化，常常是见评语不见其人。所谓"不具体"，主要是指班主任因忙于教学事务，平时无暇顾及调查研究，对本班学生在思想、学习、生活、社交等个性化的具体表现了解不深。所谓"不全面"，主要是指班主任对学生在德、智、体、美、劳诸方面的情况在时间与空间上了解不全。

2. 语言表达缺乏个性化，只能意会不能言传

主要因为班主任的写作水平有限，难以对学生的实际表现进行个性化的评价。不少班主任对学生的评语只能写一些空洞的话：该生在校政治思

想方面表现较好,学习比较认真,能够积极参加班集体的活动,与师生和谐相处,希望以后再接再厉,不断进步!有的班主任给学生写了三年六个学期的评语,结果是"涛声依旧",不断重复"昨天的故事"。

3. 教师对学生情感的差异

由于教师对学生情感的差异,评语难以个性化,结果是见评语不见真人。班主任带着偏见评价学生,对学生的评价往往不公正。有的班主任对自己的"眼中宝",常常不吝赞美;对那些"眼中钉",则千方百计竭力贬低;对那些处于中间地带的"中间生",往往几笔带过,采用基本雷同的评价方式。这种缺乏理性思考、感情用事的态度,导致班主任老师难以客观公正地评价全体学生。

学生与家长看了那些空洞无物的评语,索然无味;看到那些多学期过度重复的评语,深感无聊;看到那些偏激的评语,可能会心生怨恨。这样就难以更好地发挥班主任对学生评语的积极功效。

二、班主任撰写个性化学生评语的主要对策

1. 公平对待所有学生

班主任只有全面提升师德水平,树立正确的学生观,公平公正对待全体学生,客观全面地看待学生的成长,用爱的阳光去照亮学生的发展,才能真正不带任何偏见地看待学生,写出个性化的评语。如果班主任对待学生厚此薄彼,偏爱优等生,忽视中等生,歧视后进生,把优等生的优点放大,把其缺点缩小;无视中等生的特点;放大后进生的缺点而对其闪光点视而不见,甚至用一些过激的评语刺激后进生,常常导致班主任对学生的评价失真,对学生的评语失当。这不仅会严重影响班主任在广大学生心目中的良好形象,而且会导致师生关系的长期紧张,甚至恶化,从而不能发挥班主任评语的积极作用。某初中班主任在某初三学生的评语中有一句"希望

以后加强组织观念，做一个遵纪守法的好学生"的内容，引起高一班主任的警觉和偏见，该高一班主任就戴着有色眼镜看待该生，并指派一个班干部监管，引起该生的强烈反感，直至大打出手，致该班干部重伤，最终该生被学校开除。事后，该生还找初中班主任理论，不该在他的评语中写上那句话，引发严重后果。该生此话虽片面，但从一个侧面启示班主任写学生评语要谨慎。

2. 一切从实际出发

没有调查就没有发言权。班主任只有走进学生，深入具体了解学生，才能写出个性化的学生评语。所以，班主任要坚持"勤"字当头。"脚勤"，经常到学生中间走一走，看一看，聊一聊，及时精准捕捉有关异常信息。"脑勤"，发现学生的异常情况，及时认真思考，分析原因和对策。"手勤"，坚持写好学生成长日记，精准记录学生思想与行为的变化情况，为写好个性化的评语积累素材。比如，一位小学班主任对一位全面发展、学习成绩优异、工作积极但缺少魄力的班长的评语：你是一个聪明、文静的女孩。你的弹琴、画画、电脑、朗诵、写作等能力可让同学们羡慕啦。你每天每科作业的书写都显得那么优美，每次测试成绩都是A等，得到所有老师的称赞！你作为班长，处事主动果断，乐于为班集体服务，我很欣赏，如果能在稳重中适度带点魄力，更能展示班长的独特魅力。

3. 优化各方的合作

学生在现实生活中的表现是丰富多彩的。有的学生的言行往往不一致；有的学生在校内校外的表现不尽相同；有的学生在班主任与其他任课教师面前的表现不完全一样；有的学生在小事小非与大是大非面前的表现大相径庭；有的学生在平时与关键时刻的表现有差异；等等。仅仅依靠班主任个人对学生的了解还是不够的，甚至是远远不够的。班主任只有联合有关方面的力量，才能更全面、更深入地了解学生，形成对学生更精准、更全面的评价。

对此，班主任应该在丰富多样的评价方式，如学生自我评价与小组评价、全班学生的评价等基础上，汇聚学生的评价信息，还可以征求家长对子女的评价意见，邀请本班其他任课教师对学生进行评价，吸收同事对学生评价的合理化建议，由此形成对学生的综合性评语。

4. 创新个性化方法

班主任要挤出时间，精读曹雪芹的《红楼梦》、施耐庵的《水浒传》、列夫·托尔斯泰的《战争与和平》、莫言的《酒国》等古今中外的文学名著，学习和掌握名家对小说中人物进行个性化描述的语言与方法，尽力精准，全面而不片面，变化而不重复，把学生的个性活灵活现地展现出来。比如，一位高三班主任对工作非常认真负责、学习成绩优异、各方面都以身作则的班长的评语：你活泼可爱，热情大方，全身散发着迷人的学生领袖的气质。你用独特的气质和魅力感动着班级的每位同学，不断给班集体带来火热的激情和无私的奉献。你用卓越的才能，与同学一起让班主任登上国家级的领奖台。你是我校最优秀的毕业生。

班主任对学生的评语，往往包含优缺点的描述与对学生未来的期望。一般优点要讲全面又突出重点，缺点要精准而含蓄，最好是把缺点隐藏在班主任对学生未来的期望之中，让学生更容易接受和践行。比如，对沉湎于网吧的学生，提出"在网络世界中遨游，学会选择，健康发展"的希望；对有早恋倾向的学生，提出"在与同学的大胆交往中，增进友谊，让青春无悔"的期望；对过分小气的学生，提出"在弘扬勤俭节约的传统美德中，把握得与失的辩证法"的要求；对不尊重人的学生，提出"请牢记，生活犹如回音壁，你喊我爱你！对面回音一定是我爱你"的忠告。

班主任对学生评语的写作，是班主任对学生的全面了解与客观公正的评价过程，也是彰显教师师德水平与写作能力的修炼过程。这需要广大班主任不断学习，反复实践，完善人格，提升境界，写出更准更美的个性化评语，这是为师者尤其是班主任立德树人的应有之义。

竭尽全力，走向成功

——在高三学生冲刺复习动员会上的讲话

今天，离高考还剩100天。在这高考复习冲刺的"最后一公里"，我们高三同学要唱好三首歌：第一首是《中华人民共和国国歌》，以"中华民族到了最危险的时候，每个人被迫着发出最后的吼声"的危机意识来增强我们的使命感和责任感；第二首是《国际歌》，以"从来没有什么神仙皇帝，要创造人类的幸福，全靠我们自己"的觉醒意识来坚定我们的自主性、自觉性和自信心；第三首是《敢问路在何方》，以"敢问路在何方，路在脚下"的雄心壮志来强化我们的定向力、坚持力和冲击力。为此，我们要重点做好以下六个方面。

一、坚定信念，一切皆有可能

上海某校有位学生，在高三的第一个学期，学习成绩在全年级位居中上。但他从不安于现状，坚信自己可以考出更好的成绩。他总是暗暗下定决心，科学安排好每天的学习生活，千方百计查漏补缺，提升自己的综合实力，最终赢得上海当年理科的高考状元。他最想告诉广大高考考生的一句话是："只要坚定信念，一切皆有可能。"

我校2009届付凯迪同学，在2007年就写下了自己的高考目标：我付凯迪一定能考上香港大学。她比较详细地列出了自己能够考上港大的十个理由：

1.从小你就相信自己是聪明的,绝不会比别人差;2.从小到现在的知识积累,让你更有资本;3.这三年并未松懈,你基础扎实,努力一定会有回报;4.你有明确的目标,远大的理想,会成为你成功的动力;5.你学习方法效率高,学习计划订得好,会助你一路顺风;6.你有一颗阳光而快乐的心,会让自己轻松愉快;7.你提前中考并且取得了好成绩,高一的期末考也考得不错,曾经的挫折给你教训,让你不会再跌倒;8.你有爱你、关心你、鼓励你的父母,他们会一直支持你;9.老师们都给你鼓励,相信你的能力;10.这一年,你有平和的心态,不以物喜,不以己悲,更成熟了。

她始终坚信"当你只有一个目标时,整个世界都会给你让路"的理念。当她在学习中遇到挫折和麻烦时,就高声朗读自己能够考上港大的十个理由的内容,来鞭策自己知难而进、坚毅前行,坚定自己高考的理想信念。她当年被清华、北大、港大同时录取,最终选择在港大完成学业。

信心比黄金更重要。只要我们以不断充实自己的信念,来坚定高考的理想信念,就会产生无穷的力量,推动我们从现实的此岸走向理想的彼岸。

二、坚持到底,可以赢得惊喜

我国诺贝尔奖获得者屠呦呦,从1969年1月开始,她和团队成员们历经380多次实验,得到190多个样品,2000多张卡片,她查阅大量文献,借鉴了古代用药经验,采用了多种提取方法,终于在1971年从黄花蒿中发现抗疟有效提取物。假如她在研究中,缺失1个实验、少1个样品、少1张图片,都很有可能与成功失之交臂。

在高考冲刺复习阶段,同学们已经很累,但我们要相信一分耕耘,一分收获;同学们已经很苦,但我们要懂得苦与乐是相辅相成的;同学们已经很拼,但我们要明白高考从不相信眼泪,它只偏爱实力。同学们要学会享受高三,因为失败与成功都是人生的宝贵财富;要学会感恩高三,因为它为我们通向成功奠定了坚实的基础;要学会拼搏高三,因为那是铸就辉煌人生最难得的机遇。

所以，同学们再苦再累都要坚持，再烦再恼也要坚持，再难再痛也要坚持。只有坚持到底，才能获得惊喜！

三、学会纠错，持续扬长补短

2015年，考生郑恩柏以高考760分的总分，成了浙江省当年理科第一名。他在高一年级第一次考试时，成绩排在年级200名之外。他能飞速进步，一个非常重要的原因是他善于用好三个本子。一是笔记本。在一些答题技巧之间插一些典型例题，并在做题过程中不断补充完善。二是摘记本。写一些自己想要用作素材的生活片段和随想，用来积累写作素材。三是错题本。积累了一些在做题过程中有很大启发的错误题目。比如一道做错的现代文阅读题、一句难度较大的文言文翻译题、一道可用多种方法解答的数学题。可见，学会自我纠错，是提升高考成绩的重要手段。

高三同学纠错的方法主要有五种。一是扫描纠错法。就是把某学科多次大考的错题，进行分类整理与次数统计，发现其错误的主要原因、同一个知识点的错误次数，再进行纠错。二是错题重做法。把错题本上比较典型的错题，再认真做一遍，再对照答案检查与反思。三是相互提问法。可以向同桌或比较要好的同学提几个自己常错的问题，请对方回答。相互取长补短，共同纠错。四是对比纠错法。把自己错题（或不完整）的答案与教师（或高考专家）的"参考答案"或同学的"优秀答案"，仔细比对，寻觅错误的或不完整的具体点，分析主要原因，再修正、补充自己的答案。五是错题本分享法。仔细察看其他同学的错题本，了解别人的错题、纠错方法和鲜活的经验，并消化吸收，为我所用，巩固和扩大纠错的成果。

四、增强体质，保持身心健康

健康的体魄是决胜高考的基础。增强体质是适度的锻炼、科学的饮食、优质的睡眠、良好的心态、清新的环境等因素综合作用的结果。

同学们在高考前100天的锻炼，要做到"三不与三可"。一是不剧烈。不参与足球等剧烈的运动，可适当散步等。二是不停止锻炼。要坚持不懈地把锻炼与学习统一起来。三是不突变。不要大幅度改变自己的运动方式，可坚持原来已经适合自己的锻炼习惯。

高考前饮食要做好"三不三要"。"三不"是指不吃不易消化的，不吃不干净的，不吃从来没有吃过。"三要"是指早餐要有足够能量，中餐讲究丰富营养，晚餐避免吃过度刺激的食物。务必注意饮食安全与营养的科学搭配。

高考前睡眠做到"三不三可"。"三不"是指不过分改变睡眠环境，不随意调整睡眠时间，不过分担心睡眠质量。"三可"是指睡前适当快步走，让自己有点累；睡前可洗个热水澡，让自己有点爽；睡不着可看一段不想看的书，让自己有点倦。由此来提高睡眠的质量。

高考前的心态要坚持"三不三要"。不求一帆风顺，但求勇敢面对；不求满分，但求不失该得的分，不求无怨无悔，但求竭尽全力。在一定程度上讲，高考是心态的较量。我们要调适心态，防止出现异常的心理波动；要保持愉悦，轻松上阵；要有积极向上的心态，好好应对，我们才有可能在高考中超常发挥。

高考前的环境要坚持"三清三防"。考前自修的环境要清洁，防止污染；睡觉的房间要清静，防止把空调温度定得太低；考场空气要清新，防止窗门紧闭。以改善高考复习的小环境，保障高考复习更加顺利进行。

五、适时放下，力求轻装上阵

古代有一个巨商，为躲避战乱，把所有的家财置换成金银票，特制了一把油纸伞，将金银票小心地藏进伞柄之内，不料在途中休息时打了一个盹，雨伞不见了！他强力克制，保持冷静，在当地做起了修伞的生意，两年过去未见自己丢失的伞。他不气馁，又做起旧伞换新伞的生意，果然换来了自己的旧伞，他这才静静地消失在茫茫人海中。他告诉人们："人生不求一帆风顺，但求勇敢又有智慧地面对。"

　　同学们，无论在高考前夕还是在高考之中，都可能会遇到突如其来的困惑，如果不能从容应对就有可能影响你的发挥，需要我们学会竭尽全力放下一切应该并且能够放下的东西，学会在宁静中用智慧跨越一切难以逾越的阻碍。比如，2005年有名考生在高考第一场结束后告诉我，考场里有一位年轻漂亮又穿得比较暴露的女监考老师，他因此注意力难以集中。我得知后，指导他运用对立统一的观点，解决当下困惑。任何事物都包含对立统一的两个方面，该教师有美的一面，肯定也有丑的一面。矛盾双方既对立又统一，双方在一定条件下可以相互转化。多看丑会影响美，常看美也会变得丑。我建议该考生把该女教师丑的一面找准找全且尽力放大，这样就会觉得她其实也不够美，就可以集中注意力。该生之后据此尝试，结果收效不错，并取得较理想的高考成绩。

六、优化合作，达成和谐共赢

　　高考是一项系统工程，需要优化各方合作，才能达成和谐共赢。因为高考出现的任何一点闪失，都会产生多米诺骨牌式的连锁反应，对你的高考造成不良的影响。假如有位考生在高考中作弊，主考官要调查取证，请有关考生谈话，可能扩散有关信息，对许多考生都会有影响。

　　首先，要优化师生合作。同学们认真听好每节复习课，高质量完成每次作业，积极参加每次测试，主动纠正每个错题，及时查找和弥补每个弱点，这都是对自己的高度负责，对老师的充分尊重和有效配合，更是努力调动教师教学积极性和创造性的重要行动。

　　其次，要优化同学合作。为了营造一个和谐高效的高考复习环境，同学们在课堂上主动参与，在寝室里严守纪律，在操场上一起锻炼，都是优化同学之间合作的表现。尤其是当同学遇到学习和生活上的困难时，能够主动帮助，展现同学间的友谊。

　　再次，要优化亲子合作。在高三冲刺复习阶段，广大的家长很想举全家之力，帮助孩子取得理想的高考成绩。因此，不少家长天天送饭菜与水果，经常打电话嘘寒问暖,有的还天天接送孩子回家住或者开设高档宾馆给孩子住宿。假如相关的同学对此是适应和喜欢的,可以接受父母的爱;假如有关同学深感负担过重,麻烦太大,那就必须及时婉言谢绝,以确保高考复习更静心、更高效。

最后,让我们以庄严神圣的态度,书写一段无悔的青春诗行;让我们以团结协作的精神,奏响一曲美丽的人生乐章;让我们以青春的浓墨重彩,描绘出一幅壮丽的生命画卷;让我们以竭尽全力的奋斗,续写严州中学崭新而辉煌的诗篇!

秉持新的发展理念　争做时代新人

——与高二学生的谈话

习近平总书记指出："新时代的中国青年要以实现中华民族伟大复兴为己任，增强做中国人的志气、骨气、底气，不负时代，不负韶华，不负党和人民的殷切期望！"为此，青少年学生必须秉持新的发展理念，争做实现中华民族复兴重任的时代新人。

一、培育创新意识，实现自我超越

由于受应试教育的负面影响，我国的基础教育往往存在着"考什么，教什么，怎么考，怎么教，怎么学"的问题，导致广大学生往往围绕考法与教法而选择学法，不敢创新，难以创新，导致创新意识缺失，创新能力弱化，这不利于实现超越发展，更不利于培育创新人才。

素质教育的重点在于培育学生的创新精神和实践能力。因为创新是推动社会发展的第一动力，创新人才是推动各项事业发展的第一资源。在竞争中只有具备创新力才能赢得社会的青睐与自身的成功。我们面对世界百年未遇之大变局，要突破西方发达资本主义国家的全面遏制，彻底粉碎当今西方列强分化和意识形态和平演变的阴谋，克服实现中华民族伟大复兴道路上的一切艰难险阻，就必须大力实施素质教育，培养学生的创新意识，为大力培养各级各类的创新人才打下坚实基础。

保守容易，但最终会走向灭亡；创新艰难，然而唯有创新才能赢得持续发展。广大中学生培养创新意识，主要包括在学习内容、习惯、态度、方法、手段、能力、合作等方面的创新。我们要注重选择和学习各门学科最前沿的新知识，改善自己的知识结构。要养成独立思考的好习惯和逆向多向的特异思维，学会从不同视角思考新问题，开展新实践，反对照搬照抄的行为。要端正创新的态度，敢于和善于辩证否定，做创新的主人。要学习创新的方法，在学习、工作与生活中，努力实现从模仿到创新的转变。要善于运用能够运用的现代化的创新手段，为学习和生活的创新服务。要千方百计提升我们的创新能力，破解学习与生活中的难题。要善于加强合作，借助各种各样的创新因素，丰富自己的创新智慧，实现互利共赢。比如新昌中学十分重视学生的创造发明，着力培养学生的创新意识和创新能力，取得了辉煌的成果。截至2015年6月，该校学生创造发明作品在省级比赛中获奖共305项次，国家级比赛获奖88项次，国际级比赛获奖14项次，申请国家专利70多项。截至2017年1月，该校学生发明作品获省级奖328项次；国家级奖95项次，其中金奖27项次；国际级奖12项，其中金奖1项；拥有发明专利82项。该校因此成为全国基础教育创新的范例。

二、贯彻协调理念，促进和谐共生

党和国家的教育方针是培养德、智、体、美、劳全面发展的社会主义建设者和接班人。然而，不少学生重智育、轻它育的现象依然严重存在；各学科学习不平衡现象依然严重存在；学生之间发展不平衡现象依然严重存在。这些都不利于学生的协调发展。

坚持德育为先，推动智育、体育、美育和劳育的协调发展。古人云：才者，德之资也；德者，才之帅也。这告诉我们才能是德行的凭借，德行是才能的统帅。同学们首先要坚持明大德、守公德、严私德，真正做一个有道德的人。如果一个人的品德优良，即使其他方面不尽如人意，最差也可以做个好人。同学们要重视智育、体育、美育和劳育的协调发展，提升自己的科学文化素养，增强体魄，学会审美和创造美，培育劳动观念和提高劳动能力。

坚持突出重点，兼顾各学科之间的协调发展。我们要学会统筹兼顾，既要突出重点，重视高考学科的学习，也要兼顾一般，重视非高考学科。因为高校自主招生，尤其是高校"三位一体"招生，把各科的学考与高考统一起来，引导同学们学好各门学科。更重要的是，学校现在开设的所有课程都是我们实现全面可持续发展，努力成人、成才、成功的基础。在知识经济时代，由于竞争更加激烈，一个人在一生中更换多次工作，是完全正常的。同学们唯有全面发展，方能更好地适应未来激烈竞争的需要。然而，一些同学只重视高考科目，严重忽视非高考学科，有的同学甚至是"重点虽重要，一般不可少，但为玩得爽，两者皆可抛"，这简直是拿自己的未来开玩笑！

坚持"共同富裕"，要重视同学之间的协调发展。由于受主客观条件的影响，同学们在全面发展方面，存在一定的差距是完全正常的，但是发展的差距过大是异常的。同学们要学会走"共同富裕"的道路，努力形成先进更先进、先进帮后进、后进赶先进、共同向前进的学习氛围。但是，有的同学存在一种错误观念，认为帮助别人，会弱化自己、强化对手，不利于自己在竞争中处于有利地位。其实，"学习金字塔"理论告诉我们，在教授别人的过程中，收益最大的是教授者自己。

三、践行绿色理念，增强发展活力

实现绿色发展，体现在同学们学习生活的方方面面。这里重点讲讲打造绿色课堂和绿色寝室的问题。

合力共建绿色课堂，释放课堂活力。绿色的课堂应该是面对学生真实的认知起点，展现学生真实的学习过程，让每个学生都有所发展的课堂。绿色的课堂不能无视学生的学习基础，把学生当作白纸和容器，随意刻画和灌输；绿色的课堂不能死抱着教案，一问一答，牵着学生鼻子走，不敢越雷池半步；绿色的课堂更不能课前操练，课中表演，少数参与，多数旁观。

袁振国教授认为："当前我国教育的最大问题就是没有问题。"也就是说，很多同学在课堂学习中，不深入思考问题，更提不出新的问题，常常处在被动地听老师或少数学生讲，被动接受知识的状态，整个课堂呈现出一片死气沉沉的现象。这样的课堂是灰暗的课堂。只有全体同学仔细聆听教师的每次讲解，主动思考每个问题，争取每个发言机会，积极参与每个讨论活动，自觉分享他人观点，充分展示自己的学习过程，不断掀起学习探究的高潮，有机生成新的知识，争做课堂学习的主人，才能构建充满生机活力的绿色课堂。

倾力建设绿色寝室，共享温馨家园。绿色寝室是一个环境整洁、关系和谐、正气浓厚的寝室。环境整洁主要是指处处干净、物品摆放整齐有序。关系和谐主要指同学之间和睦相处、相互尊重和相互帮助。正气浓厚主要指严守校际校规，积极向善。这需要全体室友牢固树立做最好的室友意识，既要及时认真做好自己的事情，又要帮助需要帮助的同学做好相关的事情，更要做好寝室必须做好的公共事情，尽量不给别人添麻烦，也不给自己招惹是非。

四、落实开放理念，实现互利共赢

改革开放是强国之路，也是互利共赢之道。当今世界是一个开放的世界，唯有秉持开放理念，主动开放，才能展示自身的形象，推动多方合作，分享他人的资源，促进自己的成长，达成互利共赢。

同学们贯彻落实开放理念，着重做好三个方面的事情。一是课堂交流更大胆。课堂是同学们学习的主阵地，也是展示自我的舞台。同学们要以更加自觉的行动，更加响亮的声音，更加求异的思维，珍惜交流锻炼的机会，与老师和同学和谐互动。防止课堂失语，甚至于己无关，得过且过等不良现象。二是课后交流更频繁。坚持勤学好问，不耻下问，积极主动与同学交流学习心得，共享优质的学习资源，善于取长补短，提高自己查漏补缺的能力。孤军奋战，孤芳自赏，只能陷入孤立无援的困境。三是社会实践更自觉。社会是一个大课堂，也是历练的大熔炉。同学们要挤出更多的时间，自

觉参加社会实践活动,深入社区、农村、工厂、机关、学校等单位,开展研究性学习活动,主动参加志愿者服务活动等,提升自己的综合素养。

五、运用共享理念,维护公平正义

共享发展着重解决的是社会公平正义问题。坚持共享发展,要做好"两个必须":一是必须坚持发展为了人民,发展依靠人民,发展成果由人民共享;二是必须多谋民生之利,多解民生之忧,不断满足人民日益增长的美好生活需要。

常言道:你有一种思想,我有另一种思想,彼此共享后,两个人都有两种思想。所以,坚持共享发展,以丰富自己和他人的资源,促进和谐共进。同学们推动共享发展,可以坚持不懈地从以下几个方面努力。首先,在共建中共享。同学们要齐心协力共建民主、开放、和谐、奋进的课堂,共享学习资源;要同心同德共建遵纪、互助、秀美的寝室,共享温馨生活;要共建平等、诚信、友善的友谊,共享美好人脉。其次,在自建中共享。同学们不仅要把自己学习的经验、教训和方法毫无保留地与其他同学共享,还要把各自获得的学习资源和手段方法毫不吝啬地与其他同学交流。再次,在援建中共享。学习成绩优异,德、智、体、美、劳全面发展的同学,要主动伸出援手,帮助和促进各方面发展暂时相对落后的同学的发展,引导他们不甘落后,更新观念,精析原因,优化方法,奋起直追,推动一起进步,共享成功喜悦。

总之,创新、协调、绿色、开放、共享的新发展理念是我们推动高质量发展、破解发展难题、厚植发展优势的行动指南。同学们只有全面贯彻新发展理念,才能实现德、智、体、美、劳全面发展,争做时代新人,不辱使命,有力承担起实现中华民族伟大复兴的时代重任。

高中生恋爱问题的哲学探讨

高中生对异性的向往是"发乎情"的正常人性表现，倘若这种"情之萌动"失去控制，导致"恣意妄为"，那就不正常了。怎样学会与异性的正常交往，调适好与异性同学的情感，建立纯真的同学友谊，争做一个全面发展的高中生，应该成为每个高中生的必修课。下面让我们一起探讨有关高中生的爱情问题。

一、什么是高中生的爱情

古今中外，对"什么是爱情"，众说纷纭，没有一个定论。有人认为，高中生的爱情诚如一首歌所唱的，是"糊里糊涂的爱，说也说不清楚"。下列关于"什么是爱情"的认识，你认同哪种观点？为什么？你觉得什么是爱情？

1.爱情就是她开心了，你也就很自然地开心了。

2.真正的爱情，不是一见钟情，而是日久生情。

3.爱情就是真正的关心，不是你认为好的就要求她改变，而是她的改变你是第一个发现的。

4.爱情就是真正的爱，是接受，不是忍受；是支持，不是支配；是慰问，不是质问；真正的爱，要道谢也要道歉。

5.爱情就是也许你没有貌，但你有才；也许你没有才，但你温柔；也许你没有温柔，但你有幽默。

6.我的心是旷野的鸟，在你的眼睛里找到了它的天空。

7.我爱你的灵魂，更爱你的肉体。

8.我会尽我所有的努力让你成为世界上最幸福的人。

9.再多一些时间，试着爱我。你会爱上我的，因为——我是那样爱着你。

10.我们终究如愿以偿，但彼此都不是当初约好的模样。

笔者与青年学生来谈谈"什么是爱情"。

爱情是成熟的男女两颗真诚的心碰撞的火花，彼此越成熟越真诚，其火花越闪亮也越美丽；爱情是有情男女之间并蒂开放的娇嫩的花朵，唯有相互吸取营养，爱情之花才能永远灿烂；爱情是有爱男女在蓝天比翼双飞的快乐鸟儿，唯有不断相互激励，才能飞得更快更高。爱情之火不因身份的贵贱而遭受泯灭的厄运，爱情之花不因环境的恶劣而改变绚丽的色彩，爱情之鸟不因贫富的悬殊而降低飞行的高度。朝思暮想浪费宝贵时间，那是对爱情的曲解；见异思迁伤害珍贵情感，那是对爱情的背叛；频频往来荒废金贵学业，那是对爱情的亵渎。爱情的种子只有播撒在成熟沃土中才能扎下深根，爱情的小树只有经受风雨的洗礼才能枝繁叶茂，爱情的果实只有瓜熟蒂落时品尝才分外香甜。

因此，我们中学生应该正确认识和对待爱情，要珍惜同学之间的真挚情感与当下的学习良机，全面做强自己，为品尝更加甜蜜的爱情硕果积累更深厚的资本。不因胡思乱想而痛苦，不因空谈爱情而虚度年华，不为享有权利逃避义务而悔恨。

二、中学生恋爱是利大于弊，还是弊大于利

中学生爱情的利弊问题一直是众多中学教师、家长和学生思考与探讨的话题。由于受立场、观点、方法、知识结构、心理情绪等主观因素的影响，大家对这一问题的认识，往往存在差异，甚至完全相反。这需要我们对此进行深入探讨，形成正确认识。下面请同学们分析两个案例。

某校高三有名普通班的男生爱上实验班的女生，经常给女生发短信，那位女生只给该男生回了一条短信：如果你考不上"一本"就不要来找我。该男生从此热血沸腾，浑身充满力量，坚持发奋苦学，坚持每天比原来少睡2小时，学习成绩不断提升，高考考出比女生更好的成绩。幸运的是命运把他们安排在同一个城市上大学。同样，该校一位高二的男生特别喜欢同班的一位女生，经常寻找机会与她交流学习心得，给她送礼物，都被她拒绝了。该男生因此陷入痛苦，扬言要与她同归于尽。因该男生无法控制自己过激的情绪，最终转学，他的学习成绩从此不断下降，更加消极地对待人生，高中毕业后也没有实力继续深造。

这两个案例告诉我们什么道理？（请学生独立思考后，师生共同总结归纳）这告诉我们：（1）中学生恋爱有利有弊，对不同人的利弊往往是不同的；（2）爱情是连绵不断的痛，唯一的解药是对方也爱自己；（3）正确处理好爱情与学业的关系，做强自己异常重要。

那么，中学生恋爱有哪些利弊？是利大于弊，还是弊大于利？（请学生分组讨论后，师生相互交流归纳）

中学生恋爱的好处主要有：（1）培育中学生与异性交往的能力；（2）培育男女双方的责任感；（3）增加一点中学生生活的趣味；（4）激发中学生的学习动力；（5）培养男女双方的耐挫能力。

其弊端主要是：（1）往往分散精力，干扰学习；（2）可能导致行为越轨，伤害身心；（3）可能引发争风吃醋现象，埋下恶性隐患；（4）可能受精神煎熬，影响正常的学习与生活；（5）有的男女之间的情感失控，导致师长的忧虑。

从中学生恋爱的实际情况看，总体是弊大于利的，但因每个人的具体情况不同，对中学生恋爱的利弊大小应具体分析。前面两个案例就充分说明了这一点。为此，我们中学生在充分认识现阶段恋爱利弊的同时，要学会控制好自己的情绪，正确处理好男女同学之间的关系，借助爱情的力量，加快自己全面发展的步伐，提升自己的实力。

三、中学生如何让自己心爱的人获得幸福

中学生恋爱是一种权利，更是一种责任。因为这种权利受到道德、法纪、习俗等制约，中学生不能漠视这些制约，而肆无忌惮地享有这一权利，否则必将品尝苦果。更重要的是中学生真正相爱，双方都应承担起对对方应有的责任，不是消费对方，玩弄对方，更不是糟蹋对方，而是尊重和包容对方，让对方获得真正的、持续的幸福。我们中学生怎么样才能让对方获得幸福呢？请大家独立思考，列出发言提纲，然后班级交流，总结归纳。为此，笔者在吸收学生合理观点的同时，重点归纳了以下五点。

一是全面做正做强自己。一般来说，中学生男女双方都喜欢有魅力的对象。魅力源于实力。实力不仅包括颜值，更重要的是德才兼备的素养。我校有位校友曾说，兔子不吃窝边草，何况数量不多，质量也未必好，只有自己做到最好，何愁天涯无芳草？当下最重要的是控制好与异性的情感，高度集中精力搞好学习，做一个全面发展的好学生，为以后成人、成才、成功奠定坚实的基础。

二是培育相近的价值观。价值观属于人的思想意识范畴。一切邪恶之源在于破坏性的思想。一切真善美的源头在于科学的、正确的思想。马克思主义哲学认为，价值观对人们认识世界、改造世界和人生都有导向作用。价值观不同，生活中的矛盾就会不断增多，人生的烦恼也会日趋严重。在精神领域有一种法则：宏大的理念可以逐渐瓦解、抵消，或摧毁渺小的理念。广阔的思想会引领我们看见比以往更高更远的人生价值和目标。为此，中学生要学会践行社会主义核心价值观，防止那些消极、庸俗与颓废价值观的入侵。

三是包容对方的缺点。心理学家告诉我们，人在热恋时，极度奉行浪漫主义，往往只看到对方的优点，而看不到对方的缺点。人在结婚后，过分践行现实主义，常常只看到对方的缺点，很少看到对方的优点，甚至产生悔不该当初的情感，濒临离婚的边缘。因为任何人都有优缺点，我们需要学会全面看问题，尤其要包容和接纳对方的不足。

四是要满足对方的合理诉求。爱并不符合守恒定律，如果你需要爱，那么请明白得到爱的唯一方式是施予爱，你施予的越多，得到的也越多，而你能够施予的唯一方式，是让你自己充满爱。给心爱的人以幸福，就要量力而行，尽力而为地满足对方的合理诉求。对那些一时不能满足的合理要求，要积极创造条件来满足；对那些不合理的要求，要耐心解释，力争对方的包容与理解。

五是要主动承担更多更大的责任。权利与义务是统一的。履行义务是享受权利的基础，享受权利是履行义务的保障。中学生只有更充分地承担责任，才能更自由地享有权利。男女双方只有主动承担相应的义务，才能让爱情之花盛开，永不凋零。过分享受权利，而逃避义务，最终会付出高昂的代价。有才无德，常常逃避应有责任；有德无才，往往很难承担重大责任；无德无才，无法承担任何责任；唯有德才兼备，方能承担应尽责任。为此，中学生要坚持不懈地修炼自己，力争德才兼备。

总之，中学生恋爱问题是中学生需要研究的课题，更是中学生要努力破解的难题。我们只有正视问题、探索问题和解决问题，才能够有所作为，助推中学生的茁壮成长。

高校自主招生面试若干问题的思考

目前,自主招生的高校越来越多,对有关考生的影响越来越大。自主招生面试是高校自主招生的重要环节。所谓"高校自主招生面试"是指高校通过精心设计,以交流和观察为主要手段,来了解考生的综合素质及相关信息为目的的测试方式。由于这类面试难度大、随机性强、要求高,在高校录取中的分值占比高,考生又常常缺乏面试经验,所以,了解高校自主招生的相关信息和具体要求,对于参加自主招生的考生异常重要。

一、高校自主招生面试题的特点和类型

(一)面试题的主要特点

1.科学性

试题讲究一定的信度效度,充分考查学生对社会生活的关注程度、所具备的基本人文素养等。试题的难度系数一般体现正态分布;测试手段符合科学规范化的要求,不随心所欲,彰显高校自主招生的权威性与公平性。

2.综合性

一般不强调考生单一的文科或理科知识,而强调考生在压力下,展现自己良好的综合素质。比如,清华大学面试题:如果你是班长,如何组织一次关于弘扬雷锋精神的班级活动?请你就活动内容,请向班里同学发表一段

两分钟的"学雷锋"活动动员演讲。考生回答该题，需要突出班级学雷锋的特殊意义、具体要求、关注事项等，引导同学积极主动参与班级学雷锋活动。

3.主观性

自主招生面试题的主观性主要表现在两个方面：面试题都是主观题，没有标准答案；考官评分具有很强的主观性。比如，上海交通大学面试题：走向社会后，你会在科研、教师、公司中选择哪项为工作？考生无论选择其中的哪项工作都要从自身的兴趣、优势、价值等方面说明理由，突出选择这项工作的合理性与合情性。

4.重复性

部分试题、评价标准、专家等方面有一定的重复性。这主要是因为每年的面试题与参与面试的专家是在面试前临时从题库和专家库中随机抽取的，难免有些重复。

（二）面试题的基本类型

1.自我介绍类，正确认识自己

比如，（1）1—3分钟的自我介绍；（2）一句话介绍/评价自己；（3）请介绍一下你的家庭（或父母、朋友）；（4）谈谈你的特长、兴趣爱好；（5）说明你某次获奖的过程和体会；（6）用3个单词描述自己；（7）介绍自己最难忘的一段经历/爱好/理想；（8）说说你最喜欢的一本书或一个人物形象；（9）你最喜欢《百家讲坛》中的哪位教授；等等。考生在自我介绍时，要求精准、新颖、限时等，给考官留下美好的第一印象。

2.高校熟悉类，重点了解高校

这主要是大学校训、专业选择、知名校友、社会影响等方面的问题。比如，（1）知名校友：杭师大马云、厦大易中天、北大李彦宏等；（2）为什么要把清华大学作为第一志愿填报；（3）如果进入交大，交大能为你带来什么；（4）你对"水木清华"是怎么理解的；等等。考生要通过网络搜索等方式，深入了解参与自主招生的高校，做好做足相关的功课。

3. 基础知识类，重点了解课内的

比如，（1）鲁迅笔名是怎么来的？（2）请说出"唐宋八大家"及其代表作；（3）"绿杨烟外晓寒轻，红杏枝头春意闹。"你对"闹"字的赏析；（4）你是否喜欢做物理实验？测电阻时，实验的误差从哪里来？如果电源是交流电，该怎么测电阻？等等。这需要考生在平时日积月累，厚积而薄发。

4. 基本素养类，重在基本能力

这主要包括三大类。一是分析问题的能力。主要考查考生分析问题的思维灵敏度，有的试题像脑筋急转弯，有的试题像辩论，有的试题则具有开放性。比如，（1）学历史与报读清华经管有什么关系？（2）根据四个英文专业单词twins、identical、doctor、fun编个故事；（3）用3、4、5、6算24点；（4）大学里应该培养专才还是全才？（5）请分析举小奥运会的利与弊。（6）如何统计上海公交车数量。

二是亲自动手能力。比如，（1）高压氮气瓶打开后，瓶口的温度是上升还是下降？为什么？（2）电脑不能上网应该怎么检查？电脑感染了病毒应该怎样查杀？

三是创新思维能力。比如，（1）一分钟内说出橡皮有几种用途（越多越好）；（2）一个没有底的空杯子可以做什么用？（3）你有什么鉴别生鸡蛋与熟鸡蛋的方法吗？（除了打破鸡蛋外）（4）如果你家里连续几天没人，怎么样才能让花盆里的花不被干死？

5. 角色模拟类，扮演好特定的角色

比如，（1）假设你是清华校长，说说明年怎么举办清华百年校庆？（2）如果你是校长，会如何激发学生的创新能力？（3）假如你是考官，你最想对考生提两个什么问题？等等。考生必须站在特定角色的立场上思考问题，防止站在自己的角度思考问题。

6. 时事热点类，重点了解当下重大时政

比如，（1）你如何看待中美贸易战？（2）"金特会"在越南"无果而终"的原因是什么？（3）如何认识"民营企业与民营企业家是我们自己人"？（4）如何认识"上海世界进博会"？（5）个人所得税起征点下调与专项扣除有什么意义? 等等。考生需要胸怀天下,关注国内外重大时政,并能够对其进行适度的解读。

7.心理道德类,关注健康问题

一是心理健康问题。比如,(1)你能谈谈你的一些失败的学习生活经历吗?(2)感觉你的性格比较抑郁悲观,不适合我们学校,你的观点如何?(3)你的着装颜色是深色系的,给人不太积极、不太阳光的感觉,你的话语中也透露着不自信,你觉得呢?(4)你如何看待(对待)比你优秀的同学?二是价值判断与选择问题。比如,(1)在汪洋大海上,只有一艘船,你只能带5个人走,你带谁?(2)你对张磊向耶鲁大学捐款8888888美元有什么看法?(3)现在有一种说法:"违法的是强者,守法的是弱者。"你怎么看?(4)重庆一位校长在会议中倡导给父母洗脚,你怎么看?(5)优质学生享受优质教育是天经地义的吗? 等等。

二、面试的基本方式与准备

(一)面试的基本方式

1.1对1: 1个考官与1位考生面对面

主要是考官提问,考生答题。比如,复旦大学面试,一位考生要分别回答5位不同学科背景考官的提问。考官的提问常常是1—3道题,要求考生在规定的时间内答题。考生答题完毕,考官即打分或确定等第。在考官的许可下,考生也可以对考官进行提问。

2.多对1: 多位考官与1考生面对面

比如,清华大学面试由三个考官面对一个考生,要求考生在15分钟内回答4—5个问题,有时还有考官的多次追问。在考生答题之后,各位考官自主打分,最后取一个平均分,作为考生的面试成绩。

3.多对多: 多位考官面对多位考生

比如,浙大面试要求1分钟的自我介绍,再开展小组讨论。评委提出几个问题，考生自由回答，每人每问1分钟左右（超过时间教授不会打断，但是可能会影响评分）。每一组考生大致6—10人。考官根据考生的实际表现自主打分，再取一个平均分作为考生的面试成绩。

（二）准备的主要方面

1.知识储备，注重平时

考生在平时除了学好各学科的教材知识之外，还需要适度阅读课外书，关注国内外重大时政，注重新时代社会发展的新形势、新动向与新趋势。坚持不懈地积累比较广博而新颖的知识，改善自己的知识结构与思维方式，做到有备无患。

2.自我介绍，注重提炼

自我介绍要注重个性特色，包括特殊经历、独特的成长环境、特别的收获与感悟等。语言精练而幽默，特色鲜明而动人，用足时间而不拖延。同时备有中英文两个版本。

3.语言锤炼，注重适宜

面试语言的总体要求：精准、新颖、和谐。精准就是要紧扣题意，简练干净。防止离题、啰唆、重复、杂质、冗长等。新颖就是要有新的理解与时代气息。富有新视角、新高度、新深度、新广度和新的表达方式等。和谐就是与自己、他人和谐。与自己和谐就是要在发言时，不过于紧张、无过多动作（挖鼻孔、抠耳朵、抖腿、挠头、摸鼻子等）、声音高低快慢、站坐得体等。与他人和谐就是要在回答问题时，防止目光躲闪或呆滞，不打断对方；不反问对方，不假装完美，用适度的点头微笑（露出8颗牙）关注评委的反应。

4.着装打扮，注重得体

着装干净整洁，与身份、年龄、季节、身材、气质协调，无异味。女生不能穿得太露、太反季节，男生不刻意穿西装、系领带、穿皮鞋。发型要适合自己的角色，不奇特。一般都不化妆，不用奢侈品。

5.心理调适，注重平常

我们只有抱着平常心，面试发挥才能正常，力争超常。心态积极、乐观、阳光、自信，这是心理正常的主要表现。假如考前过于紧张，可以采取呼吸放松法、自我按摩法、蹲起法等方法进行调节，并默念：我行，我能行，我一定行。

6.模拟训练，注重优化

模拟训练的方法主要有三种：一是个人对着镜子训练。个人面对镜子，自当评委，自我反思，多次训练。二是自我录像观摩训练。自己观看与他人观看相结合，在自我与他人的评议中不断改进。三是仿真模拟训练。环境布置、模拟试题、面试过程等与真实面试相似。

7.携带物品，注重实用

考生要带齐带足一切可以带的物品，不带一切违禁物品。带好纸和笔，用于做笔记、打草稿。带上计时器，准确把握面试的时间。带点纸巾，用于擦汗与防意外等。

三、面试过程的要求与注意事项

1.入场入座，自然大方

入场时，轻轻敲门，从容走位置前，向考官问好，一个45度左右的深度鞠躬。入座要坐直，椅子坐1/2到2/3，身体微微前倾，双手平放在双膝上（或交叉放在桌上），双脚自然平行，平放在地板上，肩膀自然下垂，面带微笑，物品摆放适当。

2．面试过程，从容应对

读懂考官眼神，微笑点头表示认同与赞赏。要听懂、看懂所有问题，列出提纲，没有听清的问题，可以抱歉地问一下提问者。要控制好节奏与时间，不要超时，防止手忙脚乱。要主动争取发言机会，尤其是群体面试，要主动争取与用好一切有利的机会。避免出现紧张失态，手势过多，进场跌倒，时间不够用等问题。

3.把握方法，高效答题

考生答题过程一般是"三部曲"。一是审好试题。要审试题的背景、设问以及背景与设问的联系，可以划层次、找出关键词句、列出发言提纲。二是理清思路。在答题的思路上，可以运用历史分析、比较分析、阶级分析与辩证分析等方法，做到精准、发散与新颖。三是科学答题。了解考官偏好，力争自圆其说、从容自信、逻辑严密、富有新意等。答题一般分为五步：报告本人抽到的考题序号；介绍问题的内容与背景；说出你的意见与判断（如赞成与不赞成、全面与片面等）；说出你的理由，一般为三点，比如，理论、实践、理论与实践的结合等；说出你的感悟与结论，并报告本题答题完毕。

4.面试结束，文明离场

整理好桌面与摆放好凳子，带走你带来的所有物品，比如一次性纸杯、擦汗用纸、草稿纸、笔、文具盒、水杯等。不要带走考场的物品。结束时面带微笑地对考官说：谢谢、再见！迈着轻轻的步伐离场，途中如遇到障碍物（如倒地的扫把、翻倒的垃圾桶等）可以把它摆放好，并轻轻地关好考场的门。

高校自主招生面试的过程是一次综合素质的考查。广大考生只有立足平时，读万卷书，行万里路，交万人友，在生活中准备，在准备中生活，才能所向披靡，与成功同行。

浙江省新高考方案解读和选考策略探讨

——在高一家长会上的讲话

高考新方案涉及所有考生的切身利益，也牵动着广大家长的心，全面准确地解读我省新高考的方案，对于广大考生正确应对新高考有重要的现实意义。为此，笔者以"浙江省新高考方案解读和选课策略探讨——在高一家长会上的讲话"为题，与广大家长进行交流，供大家参考！

一、浙江省新高考方案的主要特点

（一）考试方式多样化，引导学生个性化发展

统一的高校招生实行高考与学考、必考、选考相结合。

1.学考（就是原来的毕业会考）

语文、数学各100分，外语150分，其余70分。设A、B、C、D、E 5个等级，以卷面得分为依据划定。 A、B、C、D等按15%、30%、30%、20%最接近的累计比例划定，E等为不合格，比例不超过5%。每科可以考1次，不合格可继续补考。学考成绩具有三个重要的参照价值：一是作为衡量考生能否毕业的重要依据（只允许一科不合格）；二是作为选考赋分的基础（如果该学科的学考成绩是E级即不合格，就不能参加该学科的选考）；三是作为高校"三位一体"招生录取的赋分依据。

2.必考学科：语文、数学、外语

每科150分。语文、数学6月考1次；英语考2次（1月、6月各1次），以最好的一次成绩记入高考总分。

3.选考：记录高考总分的科目考试

考生从理、化、生、政、史、地、技术（含信息技术和通用技术）7门学科中，自主选择3门进行选考。在高三年级的1月、6月进行考试，赋分100分。考试时间90分钟。当前学考与选考试卷单独命题、单独考试。选考的等级赋分办法：共分21个等级。每一等级相差3分（以后每个等级相差1分）。前提是学考必须合格。选考科目40分起赋分（记录高考总分的实际分数）。具体赋分如下：

等级	1	2	3	4	5	6	7	8	9	10	—
赋分	100	97	94	91	88	85	82	79	76	73	—
比例%	1	2	3	4	5	6	7	8	7	7	—
等级	11	12	13	14	15	16	17	18	19	20	21
赋分	70	67	64	61	58	55	52	49	46	43	40
比例%	7	7	7	7	6	5	4	3	2	1	1

比例分配：① 1—7级：1%—7% 共28%；② 8—14级：8%＋7%×6 共50%；③ 15—21级：6%—1% 共22%。

【例1】假如全省100 000人参加物理"选考"

1%——1000人（1—1000名）为1等，赋分100分；2%——2000人（1001—3000名）为2等，赋分97分；3%——3000人（3001—6000名）为3等，赋分94分；4%——4000人（6001—10 000名）为4等，赋分91分；等等。

【例2】假如王某同学物理考分为85分（原始分），在全省考生中排在前4.8%，属第3等级，赋分为94分。这说明，卷面成绩≠等第赋分成绩，即卷面成绩高，不一定赋分成绩高，卷面成绩低，不一定赋分成绩低。7选3学科实施等级赋分的主要目的是防止因试题难度不同，把原始分记入高考总分的不合理现象。比如，王同学历史考80分与地理考70分（原始分）的含金量可能有很大不同。假如全省选考历史均分90分，地理均分60分。王同学历史低于均分10分,地理高于均分10分,显然地理考得好,但历史(80)原始分比地理(70)高10分。如果按等级赋分:历史80分属于第13级,赋分64分;地理70分属于第7级,赋分82分。等级赋分记入总分更合理。那么,为什么语数外按原始分记录总分,不按等级赋分呢?因为所有学科都按等级赋分记录总分,可能出现全省1%的考生各科得分都是100分,总分都是满分的现象,高校对此就很难进行选择。

(二)选择多样化,尊重学生自主选择权

1.不分文理科,让学生有更多选择权

考生在10门学考科目中,除语数外必考外,其余7科选3科作为选考,与老的高考方案语数外+文综或理综相比,学生有更多的选择权,能更好地发挥自己的优势。

2.考试次数增多,防止"一考定分"的现象

高考除语文、数学外只考一次以外,其余(英语+选考的3门课)均有两次考试机会,取最高分计入高考的总分。

3.学生走班选课,可以选择不同班级与教师

新高考改革后,有的学校有语数外必考走班、7选3选考走班;选修课自主走班等;行政班(固定)与教学班(变动)相结合。从理论上看,学生可以选择不同的班级与不同的教师等。

(三)录取多样化,尊重高校自主选择权

高职学校、体艺类高校,实行单独考试招生,将文化素质考试与职业技能单独测试相结合。

许多高校实行"三位一体"招生,将高考、学考和综合素质测试成绩结合起来。高校招生"三位一体"招生就是把学考、高考、自主测试(笔试与面试)等的成绩结合起来,一般按学考成绩×10%+高考总分×60%+综合能力测试成绩×30%记录总分录取学生。比如,某考生学考(10科,假如学考A等记1分,B等记0.5分,C、D、E等不记分)记5分;高考成绩500

分，综合测试200分。王某的"三位一体"总分就是：5×10%＋500×60%＋200×30%=360.5分。

新高考不分本科（原来有一本、二本、三本），只分本科与专科。旧高考方案把本科分为一本（重点），二本（公办本科）与三本（民办本科）。新高考方案只分本科与专科。并按学校的专业录取。考生可以填80个志愿。目前有"双一流"之说，即"一流的学校、一流的学科"（由国家教育部发布）。对此，中国家长大多数更看重学校的排名；众多外国的家长更看重学校专业的排名。我们最好是把"一流的学校"与"一流的学科"结合起来进行选择。

二、学生选科的基本对策

（一）充分认清科学选科的重大意义

1.直接关系到高考的总得分与志愿选择

在7选3的选考中，考生所选的3门学科是自己具有相对优势的学科，且采用等级赋分。这3门学科直接关系到高考的志愿选择。比如，某年高校54%专业不限选考科目，46%专业限制选考科目。当年，浙江工业大学机械工程专业要求选考物理，浙大医学院药学专业要求选考化学、生物。也就是说，考生只有选考物理，才能报考浙江工业大学机械工程专业。只有选考化学或生物，才能报考浙大医学院药学专业。假如你想报考上述高校的专业，却没有选考上述规定的选考学科，即使高考总分超过上述高校的专业，也不能报考。

2.直接关系到孩子与家庭未来的发展

高考志愿（专业）的选择影响学生未来职业的选择。人工智能时代，许多行业到2033年被替代的概率如下：电话营销和保险业务员99%；运动赛事裁判员98%、导游91%；收银员97%、服务员94%、律师助手94%；公交司机89%、保安员84%、档案管理员76%；还有IT行业、肿瘤专家、翻译人员等被替代的概率也很高。选择自己喜欢的又有一定学习优势的专业，有利于激发学生的学习动力,提高自己的学习能力与专业水平,促进自己的可持续发展。

3.直接关系到学校对选科管理的调整

一个学校7选3人数的变化影响着教师的结构变化。比如,有的学校几乎没有学生选考物理,导致选考其他学科的人数增加。这就需要减少物理教师,增加有关学科的教师,而且要提前谋划,上报当地教育局一年一度统筹安排。同时,学校对学生选考走班的管理也要随之调整。

4.关系到高校的生源的变化

某年54%的高校专业对选考科目无要求(主要是一般大学);46%的高校专业对选考科目有要求(多数为重点大学)。有的相对薄弱的大学面临着生存的危机,有的重点大学为了更好的发展,也在千方百计抢生源,这可能会引起新一轮高校生源大战。

(二)深入了解相关实际情况

1.全面了解自己孩子的优势

选科需要扬长避短,家长就必须正确认识子女的优势与劣势。其中优势包括显性的与潜在的两方面。显性的优势主要是孩子在高一两个学期总评的学习成绩相对好一些的学科,有的学生的学科优势比较明显,有的学生的学科优势不够明显。潜在的优势主要是学生对某学科的学习兴趣、学习能力等相对较高。

2.全面了解学校的优势

这里的优势主要是学校的教师结构和学校管理的强点。多年来哪些学科的哪些教师的教学成绩相对比较突出,子女对这些具有相对优势的教师的教学是否适应,除此之外,还要了解该校教师结构变化的趋势,以及学校在选科走班等管理方面的优势。

3.准确把握高校有关情况与各种职业未来的变化趋势

各位家长打算让自己的孩子在哪里上大学,学习什么样的专业,就要深入了解这些专业对选考科目的要求以及当年录取的高考分数及名次。同时,

针对人工智能时代的发展变化，预测未来职业的变化情况，为孩子选考提供必要的参考。

（三）集中多方智慧，进行适当选择

1.发挥个人特长，扬长避短

学习成绩好的考生首选高校，次选专业，以学校带专业。考生要根据自己的性格特征、兴趣爱好进行选择，有更多机会继续深造。学习成绩一般的考生如果对大学的专业和未来的职业选择不能完全确定，坚持分数第一。哪科分数高就选什么专业。学习成绩均衡的考生，可选取自己感兴趣和相对可得高分的学科作为未来大学专业的选择。

2.明确就业方向，找准定位

有人认为，在哪里上大学，就在哪里就业，有更多的同学资源与熟悉当地的环境。也有人说，同样的高考分数在外省可以找一个更好的大学，为以后创业就业创造更好的条件。还有人说，我大学毕业后，争取考一个更好的高校、更理想的专业读研。这些都因人而异，不要盲目跟风。

3.参考有关意见，自主决定

各位家长对子女的选考，可以参考老师（尤其是班主任）的意见，有关专家的意见与建议，充分尊重孩子的意见和选择。因为我喜欢，我选择，我负责。切勿凭自己的主观臆断，强迫孩子选择，挫伤孩子的积极性和主动性，这可能招致孩子的埋怨和责怪，从长远看还有可能产生其他不良的后果。

各位家长，让我们充分认清新时代的新特点，新高考的新变化，孩子的优势与劣势，指导孩子慎重选择，为孩子的未来发展保驾护航。

第三辑 >>>

生本教学

浙江省近5次政治选考选择题的特点与备考对策探讨

浙江政治选考选择题包括选择题Ⅰ与选择题Ⅱ。选择题的分值占总分的55%—59%，是考生政治选考得分的主阵地。深入研究浙江选考选择题的特点，对于我们提高选择题备考的实效具有重要意义。为此，笔者以浙江省近5次政治选考选择题为例，分析探讨其特点，为提升选择题的备考效能提供参考。

一、浙江省近5次政治选考选择题的主要特点简析

1.从选择题Ⅰ与Ⅱ（括号内数据，下同）组合编制形式看如表1所示。

表 1　选择题Ⅰ与Ⅱ编制形式

编制形式	2019 年 4 月	2020 年 1 月	2020 年 7 月	2021 年 1 月	2021 年 6 月
4 选 1	3（0）	3（1）	5（1）	2（1）	1（1）
4 选 2	18（5）	18（4）	15（4）	20（4）	21（4）
4 选 3	0	0	0	0	0

选择题Ⅰ的总个数有20、21、22，选择题Ⅱ的总个数都是5个。4选1的个数，选择题Ⅰ分别为1、2、3、5；选择题Ⅱ是0与1（4次）。4选2的个数，选择题Ⅰ分别为15、18、20、21；选择题Ⅱ是4（4次）、5。4选3的个数，两类选择题都是0。可见，选择题以4选2为主。

2.从选择A、B、C、D的总个数看，如表2所示。

表 2　选 A、B、C、D 的总数

答案选择	2019 年 4 月	2020 年 1 月	2020 年 7 月	2021 年 1 月	2021 年 6 月
选 A 个数	5（1）	5（1）	5（1）	5（1）	6（1）
选 B 个数	5（1）	6（1）	5（2）	5（1）	5（1）
选 C 个数	6（1）	5（1）	5（1）	6（1）	5（2）
选 D 个数	5（2）	5（2）	5（1）	6（2）	6（1）
合计	21（5）	21（5）	20（5）	22（5）	22（5）

选择A、B、C、D的总个数：5≤选择题I≤6（其中20个选择题时，A、B、C、D都是5个）；1≤选择题I≤2（上述一现象可供教师在选编选择题与考生在高考选考核对答案时参考）。

3.从各模块的选择题个数分布情况看，如表3所示。

表 3　各模块的选择题个数

模块知识	2019 年 4 月	2020 年 1 月	2020 年 7 月	2021 年 1 月	2021 年 6 月
经济	5	5	5	5	6
政治	6	6	3	5	6
文化	5	4	6	6	4
哲学	5	6	6	6	6
国常	2	2	2	2	2
法常	3	3	3	3	3
合计	26	26	25	27	27

在四个必修模块中，经济5、6个；政治3、5、6个；文化4、5、6个；哲学5、6个。在两个选修模块中，国常都是2个、法常都是3个。其中政治与文化选择题个数的变化主要受其是否出综合题的影响。经济与哲学选择题个数的变化主要受其综合题赋分多少的影响。

4.选择题的构成，包括材料（题干：背景材料）、题型（角度）、答案（题肢）三个方面，其中题型的关键词句不一定出现，还需要结合备选答案（包括观点）来准确判断题型。

例1：【2021年6月浙江政治选考第15题】2021年4月10日，国家市场监督管理总局依法对某集团的垄断行为开出巨额罚单（题干），国家对垄断行为进行处罚（主要是为什么类）。（题肢：四个观点与选项）

①可以防止市场调节的自发性　　②有利于维护国家的整体利益

③旨在维护公平公正的市场秩序　　④是使用经济手段进行宏观调控

A.①②　　　B.②③　　　C.①④　　　D.③④

上述①②③的观点属于"为什么"的类型,④的观点属于"是什么"的题型。

5.从选择题所涉及的模块知识看,运用一个或多个知识点(往往是多数)选择。比如,上题涉及市场调节的弊端、宏观调控的手段、市场秩序、国家整体利益等多个知识点。需要考生综合调用有关知识,仔细分析比较,做出正确的选择。

6.从材料与备选答案(包括观点)的关系看,备选答案可分为符合与不符两类。比如,上题的①与④与材料不相符合,②与③与材料相符合。特别注意本身错误的观点,只要符合题意也是可以选的。

7.从材料的构成看,主要是近12个月的时政热点材料,也有一些历史资料。其中,选择题Ⅱ中的国家与国际组织常识的题目绝大多数是时政热点材料,生活中的法律常识题一般不是时政热点材料。

8.还需要关注两种特殊情况。

(1)经济模块一般有一道表格材料题。这要求考生在审题时,学会准确全面地解读表格内外的有关信息,结合题意,正确进行选择。

(2)哲学模块一定有一道漫画题。由于漫画题会出现古文、漫画与哲理的结合,给广大考生带来一定的困难。考生需要掌握基本的古文知识,尤其是课本上出现过的古文,并能读懂漫画。

二、解答浙江政治选考选择题的基本方法

解答选择题的方法有许多,如果考生有能力学会从不同角度,熟练掌握与运用解答选择题的多种方法,对于正确解答选择题有重要意义。但是,有些老师提炼的方法过于繁杂,导致学生只能囫囵吞枣,难以消化,更难灵活运用。越是科学的方法越是简单。针对这种情况,笔者在指导学生的

联系中总结提炼出"三审三明法"。

何谓"三审三明法"？一审题干（背景材料），明两主（材料的主旨、考查的主体与主要题型）；二审题肢（包括观点与选项），明两肢（本身正确的题肢与错误的题肢）；三审联系，明两最（选择与题干联系最准确、最全面的选项）。

例2：【2021年6月浙江政治选考第16题】 国家"十四五"规划指出，我们要推动共建"一带一路"高质量发展，建设数字丝绸之路，创新丝绸之路，绿色丝绸之路，健康丝绸之路。推动共建"一带一路"高质量发展：

①使得我国全方位、宽领域、多层次的对外开放格局逐步形成

②需要加强科技、生态、医疗等多个领域的国际合作

③是发展更高层次开放经济的重要举措

④意味着我国新发展格局要以国际大循环为主体

A.①②　　B.②③　　C.①④　　D.③④

一审题干，明两主。材料的主旨讲推动"一带一路"高质量发展的目标，考查的主要角度推动"一带一路"高质量发展的意义①、地位③、要求②与④等，属于为什么与怎么办题型的结合。

二是题肢，明正误。结合材料、实际与理论知识进行判断，①与④不合实际（我国对外开放新格局在建设"一带一路"前就已形成；我国新发展格局以国内循环为主），属于错误的题肢。②与③正确。

三是联系，选两最。①与④错误且不合题意；②与③正确且符合题意。故本题选B。

例3：【2021年6月浙江政治选考第30题】漫画《"高"度重视》（作者于昌伟）意在提示我们：

①观察事物要仔细　②安全意识要提高

③群众观念要到位　④工作方法要对头

A.①②　　B.①③　　C.②④　　D.③④

一审题干，明两主。漫画《"高"度重视》（审漫画的材料，要注意题目、画面与画中的文字等信息，

可以联系社会生活的有关现象等）。讽刺了该警示牌——小心坑并未以方便人们观看的高度设立，考查的主要角度提示我们这属于"怎么办"的题型。

二审题肢，明正误。结合材料、实际与理论知识进行判断，①②③④本身正确。

三审联系，选两最。小心坑并未以方便人们观看的高度设立，这提示我们群众观念要到位，工作方法要对头，③④符合题意。漫画并未表明观察事物要仔细，也未强调安全意识要提高，①②不合题意。故本题选D。

例4：【2021年6月浙江政治选考第11题】下表系2019、2020年我国猪肉产量，生猪存栏数据。

年份	猪肉产量	同比增长	年末生猪存栏	同比增长
2019 年	4255 万吨	−21.3%	31041 万头	−27.5%
2020 年	4113 万吨	−3.3%	40650 万头	31.0%

注："同比"是指与上一年同一时间相比。

资料来源：《中华人民共和国 2019 年国民经济和社会发展统计公报》；《中华人民共和国 2020 年国民经济和社会发展统计公报》

不考虑其他因素，从上表可以推知：
①2019年，猪肉价格有较大幅度提高
②2019年，牛肉需求量有所降低
③2020年，猪肉饲料生产厂家的利润略有下降
④2021年，猪肉价格有望下降
A. ①②　　B. ②③　　C. ①④　　D. ③④

一审题干，明两主。表格内外的内容（审表格题，要注意标题、表格内的项目与表格外的注等信息。进行项目的纵比、横比、表格内外比、不同类型比、特别时段比等）考查2019、2020年我国猪肉产量，生猪存栏数的变化情况。考查的主要角度解读有关信息体现了什么经济学道理，属于"是什么"的题型。

二审题肢，明正误。结合材料、实际与理论知识进行判断，由表格数据可知，2019年猪肉产量同比呈现负增长，产量大幅下跌，供给减少，猪肉价

格可能会大幅上升,①正确。2020年末生猪存栏同比呈现正增长,产量将增加,供给将增加,因此2021年猪肉价格有望下降,④正确。2019年猪肉价格会大幅上升,而猪肉和牛肉互为替代品,因此在不考虑其他因素的情况下,此时对牛肉的需求量会增加,②错误。2020年末生猪存栏增加,这会增加对猪饲料的需求,进而促进猪饲料生产厂家扩大生产规模,获得更多的利润,③错误。

三审联系,选两最。根据上述分析,①④正确且符合题意;②③错误且不合题意。故本题选C。

总之,选择题的解答,需要考生立足平时,优化训练,准确、全面、熟练地解读相关信息,善于抓住关键词,兼顾其他,理清题中涉及的各种关系,才能"当机立断,正中靶心"。

如何在比较中提高高中思政课"一考"复习的实效

有比较才有鉴别,有正确的鉴别才有精准的选择。提高学生的比较能力,引导学生弄清有关相近相似重点知识的关系,分析浙江新旧版思政学科选考《考试说明》的异同,厘清新旧政治高考真题的区别与联系,力求考法、学法与考法的统一,这对于提高"一考"政治复习的实效,具有重要的意义。

一、在易错易混知识点的比较中,精准把握基础知识

浙江政治选考,往往把一些易错易混的知识点,作为命题的要点,设置一些陷阱。考生一不小心就容易陷入其中,痛失分数。有的知识点的运用甚至一错再错,考生对此懊恼不已。比如,在《经济生活》中的"社会主义市场经济"和"社会主义经济";在《政治生活》中的"国际关系的内容"与"国际关系的形式";在《文化生活》中的"传统道德"与"传统美德";在《生活与哲学》中的"主体与客体"与"主观与客观"等知识,学生很容易搞错。

对易错易混知识点的比较,教师要坚持做到"三个结合"。一是坚持模块内与模块间相比较的结合。比如,在《经济生活》中的"混合经济"与"股份制"等的区别与联系。在《经济生活》中的"宏观调控"与《政治生活》中政府"组织社会主义建设的职能"的异同。二是坚持新教材与旧教材观点相比较的结合。比如,在《经济生活》中的"社会主义市场经济的基本特征"与《经济与生活》中的"社会主义市场经济体制的基本特征"的关系。

三是坚持教材知识与时政热点知识相比较的结合。比如，对于"我国的基本经济制度"，教材的观点是"坚持以公有制为主体，多种所有制经济共同发展"。党的十九届三中全会的提法除了教材的观点以外，还增加了我国的分配制度与社会主义市场经济体制等内容。

易错易混基础知识的比较主要有三种方法。

1.列表比较法

比如，主要矛盾与矛盾主要方面的关系。如表1所示。

表1　主要矛盾与矛盾主要方面的关系

	比较	主要矛盾	矛盾的主要方面
区别	前提	多个矛盾	一个矛盾
	作用	决定事物发展	可以决定事物性质
	侧重	改造世界	认识世界
	方法	中心、关键等	主流与支流、性质等
	举例	牵牛要牵牛鼻子	一个好人也存在缺点
联系	矛盾的主要方面存在于主次矛盾之中；主要矛盾与矛盾的主要方面都是矛盾的不平衡性问题，都是重点论的世界观依据		

2.填空比较法

比如，公民参与民主决策的方式包括_____；公民参与民主监督的方式有_____。引进来包括_____，走出去包括_____；对外贸易包括_____，等等。

3.绘图比较法

比如，物品、劳动产品、商品的关系比较。如图1所示。

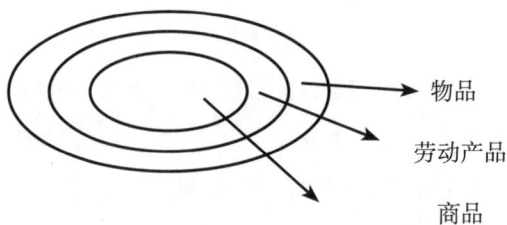

图1　物品、劳动产品、商品的关系比较

二、在《考试说明》的考点比较中，分层把握考点要求

浙江省历次政治选考的《考试说明》包括：考试的目标要求、考点的内容与等级要求、考试的时政热点要求等。重点应该把握考点的内容与等第要求。比如，2021年1月浙江省政治选考《考试说明》的考点统计。如表2所示。

表2 2021年浙江省政治选考《考试说明》的考点统计

模块	a	b	c	合计
经济	11	33	16	60
政治	15	28	5	48
文化	10	22	4	36
哲学	7	24	12	43
国常	8	19	6	33
法常	12	20	6	38
合计	63	146	49	258

a级属于识记：再现学过的一些基本概念、基本原理和基本观点。b级属于理解：能够理解基本概念、基本原理和基本观点；把握知识内部各要素的逻辑联系；能够根据所学知识对一些现象或观点做出初步判断或说明。c级属于应用：应用所学知识、观点和方法，分析探究一些经济、政治、文化等现象，并加以论证。

a、b、c等第在浙江省选考中出综合题的可能性分别是a约占5%；b约占45%；c占50%以上。对不同等第的复习中应该有不同的要求。有的教师心太狠，要求学生对所有考点都按c级要求掌握，加重了学生的负担；有的教师心太软或者未完全按各知识点的等第要求复习，所有考点基本上都按a级要求，考点复习的要求太低。这种过高与过低的要求，都不利于学生达成基础知识复习的目标。

三、在高考真题的比较中，切实弄清考题异同

高考真题可谓是年年岁岁神相似，岁岁年年形不同。准确区分相近相似

的高考真题,有利于考生把握试题的异同,在掌握通识通法中,具体分析试题特点,精准回答,提高解题效益。

从纵向看,浙江高考从文综政治到选考政治,一些综合题有一定的相似性,需要在比较中把握试题的关系。指导学生防止完全用旧的模式回答新的试题。比如,运用对立统一观点回答有关问题(限于篇幅,省去材料与答案):

【2010年6月第40(2)题】用对立统一的观点,说明地方政府对权力自我设限的做法不仅没有削弱反而提高了政府权威的道理;

【2013年6月第40(3)题】结合材料,运用对立统一的观点阐明经济建设与生态环境保护之间的关系;

【2016年6月第40(2)题)】结合材料,运用对立面相互转化的原理,说明讲好中国故事的必要性和重要性;

【2017年11月第39(2)题】运用矛盾同一性的相关知识,说明万山区经济社会变化发展的原因。

教师列出上述高考真题之后,引导学生从背景材料、设问与答案3个角度比较相同点与不同点,并说明其中的原因与注意事项。(1)相同点:设问与答案都涉及矛盾的同一性的观点。(2)不同点:由于试题的背景材料不同;运用对立统一观点的知识要求不同,导致答案也不完全相同。在上述4年的浙江高考真题中,2010年的试题只回答权利对权威的对立性,没有回答权威对权利的对立性。2013年的试题回答了经济建设与环境保护双方的对立性。2016年的试题,涉及运用矛盾的同一性,分析在不同条件下(讲好中国故事与不讲或讲不好中国故事)的转化问题。2017年的试题,涉及运用矛盾同一性分析如何创造条件促进矛盾双方的转化问题。

从横向看,教师指导学生比较浙江高考政治真题与全国卷、其他省市高考政治卷有关相似相近题的关系,有利于让学生理解在弄清浙江高考政治试题特色的同时,借鉴全国及其他省市高考政治试题的创新点,为准确、全面、创新地回答浙江高考题服务。比如,2013年浙江高考文综政治题与同年全国文综政治题相比较:

【2013年6月浙江文综卷第40（3）题】结合材料，运用对立统一的观点阐明经济建设与生态环境保护之间的关系；

【2013年6月全国文综Ⅱ第39（1）题】结合材料一，用对立统一观点分析如何处理敦煌莫高窟文化遗产的保护和利用的关系。

两题都是用对立统一观点回答问题，浙江题（侧重是什么）主要从世界观角度分析经济建设与生态环境保护的关系并提出要求；全国卷（侧重怎么办）不仅从世界观角度分析敦煌莫高窟文化遗产的保护和利用的关系，而且从方法论角度回答如何处理好两者的关系。主要是因为背景材料的不同（浙江题中的经济建设与生态环境保护未涉及何者是重点的问题；全国卷中的保护与利用，在旺季与淡季游客数量严重不同的条件下，保护与利用的重点也就不同）与题型侧重点的差异，导致答案有较大的不同。

四、在方法的比较中，追求考法、学法与教法的统一

在浙江政治高考中，由于学法与教法，往往偏离了考法，导致高考成绩不理想。这需要教师改善教法，并引导学生优化学法，力争达到考法、学法与教学紧密结合，努力实现学生政治高考成绩最大化。

在基础知识的复习中，由于教师只是让学生简单地在教材上画条条、背条条、默写条条，没有引导学生深度掌握重难点的基础知识，学生就不可能灵活运用有关知识回答问题。比如，在《生活与哲学》中"人民群众是精神财富的创造者"表现在：①人民群众的生活和实践是一切精神财富形成和发展的源泉；②人民群众的实践为精神财富的创造提供了必要的物质条件；③人民群众还直接创造了丰硕的社会精神财富。这里需要比较①中的"生活"与"实践"，历史唯物主义认为，社会生活在本质上是实践的，生活与实践是有区别与联系的；①中的"实践"与②中的"实践"是不同的，前者主要是指生产实践，后者是指所有实践；社会精神财富包括思想道德和科学文化两个方面。只有理解这些内容，考生在解答【2012年浙江卷第40（2）题】上述材料如何体现人民群众是社会精神财富的创造者时，就可以

更加得心应手,否则只会出现生搬硬套或者材料与哲理两张皮等现象。

在学法指导中,由于教师面临教学时间紧、任务重、要求高等实际问题,常常是重视知识教学,轻视学法指导。即使是学法指导,也往往是临时抱佛脚,许多时候还偏离了高考考法的具体要求。这种学法指导是零散的、表层的、暂时的,无法对学生产生深刻的积极影响,甚至导致在学法指导上教师讲了一套又一套,学生却另搞一套。教师只有深入研究高考,把握高考的规律和方法,把学法指导渗透在日常教学活动的始终,体现在教学活动的方方面面,才能让学生在潜移默化中认识考法,认同教法,内化学法,活化练法,提升考试实力。比如,教师指导学生如何结合材料回答综合题审题的"三模法":建知模,定范围;整材模,定方向;模对模,定要点。这种审题方法简便易行,得到学生的广泛认可并能够在实际考试中灵活运用。

总之,我们在思政课"一考"的复习中,只要提高师生的比较鉴别力,从模糊走向清晰,从肤浅走向深刻,从刻板走向灵活,就能够让目标更明晰,基础更牢固,方法更科学,行为更高效。

浅谈思政课"二考"复习中的"五个转变"

高三思政课教师在经历浙江"一考"的复习之后，往往存在五大困惑。一是所有考点的基础知识都复习过了，"二考"复习如何深化？二是本学科的主要题型都讨论过了，"二考"复习如何优化？三是近几年浙江的选考政治真题都赏析过了，"二考"复习如何变化？四是"二考"复习，不少学生要求自学，教师应该如何指导？五是面对铺天盖地的复习资料，"二考"复习如何取舍？如此等等，需要广大政治教师在"二考"复习中，切实推进"五个转变"，提高复习效率。

一、在基础知识的复习上，在追求深度与广度结合的基础上，从重广度向重深度转变

政治"一考"复习，由于我们匆匆忙忙赶进度，许多重难点知识，来不及"深挖洞"，只能是蜻蜓点水式面面俱到的"浅层次"复习，导致学生对重点基础知识的掌握不熟，难以准确灵活调用。为此，我们在"二考"复习中，应该扎扎实实落实好"一考"复习尚未精准深刻把握的重难点的基础知识，进行重点突破。

比如，在《经济生活》的复习中，既要重视有关"结构"的广度，包括消费结构、产品结构、投资结构、所有制结构、分配结构、外贸结构、外资结构、经济动力结构、地区结构、城乡结构等，又要重视某种"结构"的深度，

比如"消费结构"，包括基本概念、主要类型、判断标准、重要意义、存在问题及其对策等。

对于重难点基础知识点的选定，教师要引导学生对照《考试说明》的条目逐条进行地毯式的自主扫描，重点锁定有关b与c级要求的主干知识的薄弱点，再进行统计分析后确定。教师对选择的重点基础知识的薄弱环节，可以采取知识重点再解读、例题讨论再探究、练习拓展再深化等方式，有的难点还需要通过滚动式练习逐步再攻破。

二、在提升学生答题实力上，在扬长补短结合的基础上，从重扬长到重补短转变

教师在"一考"复习中，对浙江高考真题的判断题、选择题与综合题的答题方法都进行了不同程度的归纳总结，但是，不少学生的答题实力仍然停留在低水平。究其主要原因是这些学生对不少基础知识的理解不深不透，解题的方法不优不活，失分的教训不思不改，等等。需要教师对学生进行深度指导，不断提高学法指导的境界。

比如，教师可以把选择题与综合题统一起来，总结概括出解答所有政治题审题的"三审终审法"。因为选择题与综合题都是由背景材料、设问与答案构成的。为此，审查政治试题可以统一做好"三审"，一审设问明要求（明确具体的知识范围、题型、主体、层次等要求），二审材料明方向（材料的主题、层次与关键词句等），三审联系找知识（根据设问要求与材料的方向，寻找有关的教材知识）。

又如，教师在对高考真题的选用上，比较简单的题目可以一次带过，而比较复杂的题目可以多次使用，切记每次使用时不是简单机械的重复，而是要有新的变化，让学生有新的收获。例如，2020年7月综合题经济（1）"马路经济"。第1次，主要揭示材料、设问、答案三者的联系；第2次，总结归纳宏观（模块、单元）设问题的审题方法；第3次，改变设问，可以把消费的有关知识设问，改为就业、基本经济制度、宏观调控等有关知识设问；第

4次，把浙江高考真题与全国等真题进行比较，揭示它们之间的关系；第5次，比较宏观设问与微观设问审题的"异同"；第6次，做几组变式性的专题练习（宏观与微观设问题各2题）；等等。

三、在复习的侧重点上，在坚持知识与方法结合的基础上，从重知识向重方法转变

对一个知识点的教学，教师往往要经过新课教学、单元复习、期末复习、学考复习、"一考"复习、"二考"复习等多次活动。假如每次复习基本上是"重复昨天的故事"，让学生产生厌烦的心理，教学的效率是不言而喻的。尤其是在"一考"与"二考"的复习中，对同一个重难点基础知识的复习，要求教师以新的方式，以新的视角与新的拓展，给学生以新的收获。

比如，对立统一观点的复习与应用，向来是教学的一个重点与难点，也是师生的一个痛点。教师在一次的教学中，学生常常难以理解，更难以运用。有时，多次运用对立统一观点进行测试，学生对有关问题的回答往往是一错再错或得分很低。对此，教师可以通过不同的练习，逐次（"二考"复习是高中阶段最后一次对该知识点的复习）突破难点。第一次，新课教学，重点理解对立统一观点的含义。第二次，单元复习，可以拓展"矛盾双方在一定条件下相互转化"的实质是地位与作用的转化。第三次，期末复习，可以拓展"对立统一"观点，包括矛盾双方（主次方面）、主次矛盾、矛盾的普遍性与特殊性、矛盾的对立性与同一性等的关系都是对立统一的等方面。第四次，学考复习，可以结合其他模块的复习，分析诸如市场调节与宏观调控、政府性质与职能、文化的继承与文化的发展等的对立统一关系分别是什么？第五次，"一考"复习，可以进一步拓展矛盾的基本性质与其他性质（普遍性、特殊性、不平衡性）的区别与联系。第六次，"二考"复习，可以把浙江与全国卷及其他省市的政治高考有关用对立统一观点回答问题的真题进行比较分析，指导学生如何灵活运用有关对立统一的知识回答问题，提高学生答题的准确性与实效性。

四、在教学的关系上，在坚持教与学结合的基础上，从重教向重学转变

针对思想政治学科"一考"后，有一些学生不愿参加统一的课堂教学活动，而要求自学的情况，一方面，教师可以尊重学生的意见，让其独立自学，并对其自学提出具体明确的要求，而不能放任自流；另一方面，应该切实反思教学活动存在的弊端，大胆改进与优化课堂教学行为，进一步激发与巩固学生的学习兴趣，调动他们参与课堂学习的积极性、主动性和创造性。

在"二考"复习中，教师针对不同的教学问题，要具体问题具体分析，采用不同的方法予以解决。学生个体能够自己解决的问题，交给学生自己解决；学生之间可以通过互帮互学解决的问题，可以指导学生在交流，相互学习中解决；大多数学生不能解决的问题，可以作为课堂教学的重点与着力点，师生精准发力，共同探究破解难题。

比如，教师在一个知识模块复习之后，归纳了100多个易错易混点，让学生在课堂练习，可谓用心良苦。其实，在上述100多个知识点中，绝大多数学生对绝大多数知识点的掌握是比较好的。只有少数学生对少数知识点的掌握尚有不足。这样的练习往往是低效的。还不如请每位学生各自找出10个易错易混的知识点，在学习小组交流后，每组提出10个易错易混的知识点，选派一名代表在全班交流，教师可以总结、补充或拓展，学生学习的积极性和主动性更高，学习的实效往往更好。

又如，教师在"二考"复习的各类测试中，对综合题的分析往往面面俱到，讲解过细，费时很多。教师讲得滔滔不绝，津津有味，学生却昏昏欲睡，无所适从。主要原因是教师的有效供给不足，即学生已经掌握的内容，教师还在拼命讲，学生掌握不好的方面，教师的讲解却匆匆带过甚至免讲。对此，教师在全面统计分析的基础上，分清主次，让学生充分参与，想方设法集中力量，师生一起破解难题。

五、在试题的选编上，在坚持拿来与自编结合的基础上，从重拿来向重自编转变

试题的编写能力是教师专业发展的重要组成部分，编题、做题、讲题是一个有机的组成部分。教师倘若能够编好题，可以为做题提供优质的试题，提高练习的质量；又可以为讲题提供科学的方法，提升讲题的效能。而在教学实践中，因教师忙于上课、批改与辅导，往往缺乏自编试题的时间，久而久之，教师的编题能力不足，习惯于全盘照搬照抄他人的试题，作为练习的资料。由于教师实施题海战术，要么"乱"练，要么"滥"练，教师批改的负担过重，学生也苦不堪言，导致练习效率低下。为此，需要教师在练习上精编精炼。

在政治"二考"的复习中，教师要坚持"三性"结合，编好政治试题。一是仿真性，即符合浙江省选考政治试题的特点。教师要深度研究浙江选考政治试题的特点和要求，掌握其命题的原则和方法，答案编制的规律与规范，让编题的方向更正确。二是校本性，即符合本校考生当下的实际情况。适度的练习具有查漏补缺、巩固知识、强化能力和提升学科素养等功能。所以，政治复习不要盲目照搬一些"名校"的试题，应该编写有利于提升本校学生目前复习需要，提高练习的质量。三是新颖性，即尽可能选择新材料、新角度与新答案。教师将模仿、变化与创新相结合，积极探索试题编写的新路径、新方法与新手段，增强学生答题的兴趣和水平。

虽然政治"二考"复习困惑多多，但是方法总比困难多。只要广大政治教师知难而进，深入研究，优化复习行为，竭力攻坚克难，就一定能够开拓思政课"二考"复习的新境界。

高三政治冲刺复习的三个关键点

浙江政治选考应对策略可归纳为一个重要等式：教材的重点+时政的热点+教学的弱点+命题的特点=命题的兴奋点。这个兴奋点也是高三政治冲刺复习的着力点。为此，笔者针对当前高三冲刺复习主要存在的基础知识记忆薄弱、综合题解答得分低与复习课效率低下等问题，提出相应对策。

一、熟记基础知识，提振信心

万丈高楼平地起，基础不牢地动山摇。掌握必要的基础知识是赢得选考的基础。教师必须引导学生掌握记忆的方法，提高记忆的实效。

1. 自主扫描法，查找弱点

教师指导学生对照教材目录，结合平时练习，尤其是测试的实际情况，准确找到自己在基础知识方面的薄弱点，再根据这些薄弱点，在教师指导与同伴互助下，学会自学教材，适当补充练习，攻破难点，弥补基础的不足。

2. 选字赋意法，熟记题点

在回答政治综合题中，学生首先要弄清答题的知识范围，就必须记清楚相关的模块题、单元题、课题、框题、目题和单元题。其中"课题"是关键的部分。记清楚课题，能更好地联想起其他的题目。笔者由此采用选字赋意法，让学生记牢课题。比如，《经济生活》有11节课，每节课题选一个字：货、价、消、生、企、投、配、税、市、新、球，赋予这11个字一定的意义并连成一段话：货架上的东西只有被消费掉，生产的企业才能增加投资；个人才能分配到收入，国家才有税收；我国市场经济才能科学应对经济全球化。再按照11个字的先后顺序，回忆教材的课题，学生兴趣高涨，记忆深刻。

3. 归类比较法，区分异点

对于那些易混的基础知识点，只有通过科学的比较，才能准确区分它们之间的异同，才能在调用知识时做出正确的选择。比如，《文化生活》中的"态度类"主要有：对待文化多样性的正确态度；对待文化传播的态度；对待传统文化的正确态度；对待外来文化的态度；对待各种文化的态度；等等。又如，《生活与哲学》中的主次矛盾与矛盾的主次方面。教师指导学生从内涵、外延、作用、角度、关键词等角度正确区分，科学选用。

4. 数字编码法，寻找联点

我们已经步入数字化的时代，许多基础知识记忆可以用数字编码的方式来优化学生的记忆。比如，《政治生活》"公民"的有关知识可以编码为"3434"，即3项权利、4项义务、3项参与政治生活的基本原则、4条参与政治生活的途径。又如，《生活与哲学》唯物辩证法的革命的批判精神的要求可以编码为"125"（寓意：要爱我），即1个实际、2个破旧、5个立新。

5. 自主建模法，构建新点

学生学会在知识建模中回忆、深化、拓展与综合有关知识，有利于在知识的系统中掌握知识点，在调用知识的时候精准全面地选择知识点。教师引导学生自主建模的方法主要有：以单元题、课题、框题、目题、点题为关键词构建；以社会再生产的四个环节（消费、生产、分配、交换）为关键词构建；以某个知识点（价格、企业、走出去等）为关键词构建；等等。

6.联系实际法，活化基点

坚持理论联系实际是思想政治课教学的基本原则，更是学生深刻和灵活地把握基础知识的根本途径。教师指导学生运用理论联系实际的方法，活化基础知识要点的主要途径有两条。一是由重大时政返照原理。比如，小康不小康，关键看老乡。这句话可以选择经济、政治、哲学等哪些知识，设计问题，组织答案。二是由书本理论反映时政。比如，可以运用主次矛盾与矛盾的主次方面分析哪些时政热点问题。

二、探究综合题，提高得分

1.简化题型，减轻负担

浙江政治选考的主观题，按逻辑关系主要分为三种类型：①是什么（包括体现了什么等）；②为什么（包括意义、作用、为什么、原因、道理等）；③怎么办（包括措施、如何、启示、对策等）。评析题往往包括是什么、为什么、怎么办等要求；说明什么道理，常常兼有"是什么"与"为什么"等类型。

三种主要题型的区别是相对的，在一定条件下可以相互转化，但不同题型回答问题的句式有一定的差异。比如，运用党的根本宗旨的知识，回答我国的精准扶贫问题。①我国的精准扶贫，体现了我党的根本宗旨：坚持全心全意为人民服务。（答案：全心全意为人民服务）②从我党的根本宗旨看，我党为什么要开展精准扶贫活动？（答案：由我党全心全意为人民服务的宗旨决定）

2.优化审题，瞄准方向

（1）审设问，明"六词"，定准位。"六词"包括材料词（结合什么材料）、知识词（运用什么范围内的知识）、主体词（涉及哪些主体）、事件（针对什么事件)、题型(属于什么题型)、赋分词(多少分)等。在全面分析"六词"的同时,重点把握知识、主体、题型等三词,为答题定好方位。

(2)审材料,明"三要",定准向。"三要"就是要弄清楚材料围绕一个什么主题,要分清材料的主要层次(特别注意分号与句号)及其相互关系,要善于抓住关键词(学科内与学科外)。在材料的审核中把握答题方向。

(3)审联系,明"三法",定准路。"三法"包括在知识建模中,理联材——用教材的知识,联想材料;在材料整合中,材联理——用整合的材料,联想教材知识;在材理分整中,材理互联——材料与教材观点相互联系。由此把材料分层与教材知识精准、充分、无缝对接起来,找到答题思路。

3. 尝试"三写",锤炼答案

编写政治综合题的答案是一个理清思路、精准选择、锤炼文字的复杂过程。综合题答案的书写"三要"。一是序号化。每一点围绕主题,相对独立,不能重复与交叉。二是精准化。紧扣题意,做到材料与知识对接精准,材料整合与学科知识选择精准,题型选用的句式精准。三是整体化。善于突出重点,分清层数,逻辑严密。

为了让政治综合题更加完美,要尝试"三写"。

一是改写,让主观题答案更精准。对照题目的设问、材料与教材的有关知识,修改那些选错的课本知识和结合材料回答问题有误的部分,让知识与材料无缝对接。

二是补写,让主观题答案更全面。根据题意,补充有关教材知识选用的不足,补充结合材料回答问题时,有关材料整合与选择的缺失,让综合题的答案更加丰满。

三是缩写,让主观题答案更精练。删除那些与题意无关的语言,主要包括多余的教材知识、多余的材料语以及自己"附加"的一些话语,让综合题的答案更加简练。

三、改善教学方法，提高效能

高三政治冲刺复习之所以低效，主要的原因是基础知识复习低层次的重复过多、政治测试题讲评课的方法过于单调且用时太长、学法指导没有逐步提升境界、学生学习的兴趣不高等。

1. 遴选弱点，补好短板

教师让学生根据《考试说明》的具体条目，分"没有掌握、基本掌握、完全掌握"三个层次，逐条对照，认真在调查表中的相应空格内打"√"，再进行统计分析。对40%左右"没有掌握"的考点作为基础知识再复习的重点，通过知识再探讨、例题再探究、疑问再解答，进行攻坚克难；对40%左右"基本掌握"的考点通过一定的练习再巩固深化；对20%左右"完全掌握"的考点，就不再安排复习时间。这样的分类要求，可以在基础知识的再复习中，突出重点，兼顾一般，严防眉毛胡子一把抓，甚至捡了芝麻丢了西瓜。

2. 统计分析，分类讲评

在高三政治选考的冲刺复习阶段，各种各样的测试往往十分频繁，包括周测、月考、联考、模考等。往往一次大考3天，试卷讲评2天（2课时及以上），一周时间即逝，导致众多教师疲于应付，复习时间实在来不及。这迫切需要教师深入研究考试，控制测试次数（有的测试教师个人无法控制，我们要学会合理应对），提高测试效率，尤其要研究试卷讲评的规律，优化讲评的方法，提升讲评的效能。要切实通过准确的统计分析，明确讲评的重点与难点，防止逐题平均使用时间，采用同样的方法，坚持一讲到底的低效行为。对那些大部分学生一看参考答案就懂的问题，不必浪费时间讲评；对那些大部分学生经过学习小组讨论就可以解决的问题，教师也不必安排讲评的时间；对那些多数学生经过自主合作探究也难以解决的问题，需要精心研究对策、精心设计过程、精心组织探究，总结经验教训，注重举一反三，触类旁通。

3.优化方法，提升境界

教师坚持以学生为本，就必须坚持教法服从学法，不断提升学法指导的境界，从教得精彩走向学得精彩。教师对学生的练法指导大致分为五重境界。

第一重境界：点化。教师在例题讲解中，只讲题目与公布答案，没有对设问、材料与答案进行任何分析。

第二重境界：深化。教师对例题的材料、设问、答案三者之间的相互关系，进行简要的讲解。

第三重境界：优化。教师指导学生深入分析了材料、设问、答案三种之间的相互关系，揭示产生上述关系的主要原因，总结归纳例题的主题特点。

第四重境界：活化。教师在第三重境界的基础上，对例题进行归纳分类，总结提炼出适合学生解题的一般方法，并对具体分析例题的特殊性，提出合理化的建议。

第五重境界：神化。教师在第四重境界的基础上，指导学生进行适度的变式训练，学会在题目的变化中，灵活运用练习的方法，并能够科学选择最适合自己的答题方法。

4.激发兴趣，增强活力

由于高三冲刺复习的内容多、要求高、难度大、用时长，加上教学内容的高度抽象性、教学方法的单调性、师生身心的疲劳性，导致学生学习的兴趣很难提振。为此，教师要竭尽全力激发、巩固与扩大学生复习的兴趣，增强课堂的活力。

（1）在精选内容中，引发兴趣。比如，在《生活与哲学》的"对立统一"的复习中，以浙江大学竺可桢学院的面试题为例：假如一个人说要爱你一辈子，却最终跟你分手了，这算不算撒谎？学生对此兴趣盎然，跃跃欲试。在学生的热烈探讨中，分析爱情与婚姻是对立统一的，有情人可以终成眷属，也可以因相爱而分离。这是否撒谎还要具体分析，不能片面下结论。

（2）在高手上课中，激发兴趣。教师可以把一些难度较大，学生掌握困难的基础知识，或者一些有一定争议的试题，交给学生学习小组集体备课，并由学习小组推荐高手在全班上课，教师与其他同学认真听课与灵活评课，评选出优质课，以激励全体同学为了充分展示本组实力，赢得荣誉而战。

（3）在编题训练中，萌发兴趣。教师指导学生选择时政热点问题与教材知识，编制有关的主观题或综合题，可以由教师选定或学生自选材料与教材知识，采取各自编写、小组交流、班级评议的方式，把编题、磨题、评题结合起来，提高学生编题与答题的实力，并评选优质的试题，对学生进行奖励，进一步萌发学生编题的热情。

在反思中提升"精讲"的效能

古今中外，无论是个别教学，还是课堂教学，都离不开教师的"讲"。教师的精讲，可以让学生在精神不佳时振作起来，在过度兴奋时平静下来，在茫然无头绪时清晰起来，在畏惧不前时勇敢起来，在出现差错时反思起来，在盲目自信时警醒起来，由此大大提升"讲"的效能。

然而，在教育教学实践中，有的教师讲得津津有味，学生却一错再错；有的教师讲得头头是道，学生听得昏昏欲睡；有的教师讲得慷慨激昂，学生趁机窃窃私语；有的教师课间"不下火线"，学生早就心飞室外；有的教师讲得匆匆忙忙，学生反而不知所云；等等。要改变上述状况，就需要教师在教学实践的反思中提升"精讲"的效能。

一、明确"精讲"的内涵，给"精讲"正本清源

精讲就是教师选择经过提炼整合后的教材精华部分或其他重要问题加以简明扼要地阐述说明。"精讲"的语言包括精准、精练、精彩等方面。精准指语言特别准确，精练指语言特别简练，精彩指语言特别出彩。比如，青少年与祖国未来发展的关系，用一个字来概括就是"根"。这个"根"字就很精准、精练与精彩。

二、了解精讲的清单，让精讲范围更清

教师"精讲"的三张清单：责任清单、权利清单、负面清单。

1. 责任清单

（1）共性的知识疑难，即绝大多数学生弄不清楚，但又必须理解和掌握的知识。比如，矛盾双方在一定的条件下相互转化的实质是什么？（地位与作用的转化）很多学生都弄不清楚，更不能结合材料回答问题，需要教师结合实例精讲。

（2）共性的答题弱点，即绝大多数学生答题的薄弱环节，得分往往较低的点。比如，如何结合材料回答政治综合题，一直是学生的难点。笔者指导学生坚持"二模合一"：精准建知模，科学建材模，材模与知模精准对接，对学生破解综合题的审题有较大的启示。

（3）共性的成长困惑，即绝大多数学生在成长过程中长期面临的困惑。比如，笔者利用人的自然性与社会性，分析男女同学之间交往的问题。如果一个健康的青少年男女没有对异性的丝毫向往，那是不正常的。因为人具有动物的自然属性；但是，如果青少年男女之间感情泛滥，行为失控，那就不正常了。因为人的本质属性是社会性，人可以借助社会性的力量，适度控制人的自然性，否则，就很有可能把人降低到一般动物的水平。这既肯定青少年男女之间萌生恋情是正常的，又引导学生要学会正确处理好这种情感。

2. 权利清单

（1）自主选择权。教师依法享有精讲的权利，自由选择精讲的内容、时机、方法、手段、次数、途径、语言等。比如，关于"我国的政党制度"的精讲，教师在精讲的方法的选择上，可以根据不同情况采取比较法、理论联系实际法、辩证思维法等。

（2）自觉研究权。教育行动研究是提升教师精讲境界的第一动力。教

师有权依法依规对教学精讲问题进行坚持不懈的深入研究,自选研究的课题,大胆进行实践研究,尤其是锤炼精讲的语言,不断提升精讲的水平和实效。

（3）合作分享权。在课堂教学中,教师可以与学生合作精讲,也可以联合本班的任课教师（尤其是班主任）一起精讲,并积极主动分享自己的精彩讲解内容、手段与方法,相互取长补短,共同丰富师生精讲的智慧。

3. 负面清单

（1）政治高压点。政治教师首先要讲政治,不能妄议党中央及国家路线、方针、政策等,要自觉践行社会主义核心价值观,绝对不能在课堂内外散布一些不健康的言论,以免对学生造成不良的影响。

（2）难易过度点。教师对一些过难或过易的问题不能"一视同仁",否则会浪费多数学生的学习时间。针对上述问题,教师可以采用个别辅导或者在学习小组内进行探讨等方式加以解决。

（3）机械重复点。教师对教材的某个知识点,在多次复习中,都是采用同样的机械重复讲解方法,导致学生兴趣索然。比如,价值规律的教学有新课教学、单元复习、期中期末复习、学考复习、选考两次复习等,每次讲解都应该有一点变化,给学生以新的收获。

三、切准精讲的要点,让精讲方向更准

1. 讲在重点处,解决主要矛盾

课堂教学时间十分有限,教师不能面面俱到,平均使用力量,应该抓好重点,集中力量解决主要矛盾。教师在一堂课的"重点"预设中,要精心科学设计、安排足够时间、选择适合方法等,破解重点难题。比如,在"国家财政具有促进资源合理配置的作用"的教学中,可以将此分解为若干个小问题:什么是资源?什么是资源配置?什么是资源合理配置?什么是促进资

源合理配置？采用分层循序渐进的精讲办法来突出重点，而不是走马观花式地讲解重点。

2. 讲在难点处，善于攻坚克难

难点主要依据教材体系与学生对知识的掌握情况来区别与选择，攻破难点需要勇气与智慧。比如，"主次矛盾与矛盾的主次方面"一直是教学的难点。笔者采用"五重比较法"引导学生正确区分。包括两者的前提、作用、方法论、关键词、侧重点等方面的不同，结合分析市场调节与宏观调控、"五位一体"建设社会主义现代化强国等问题，破解上述疑难。

3. 讲在疑点处，重在解疑释惑

这里的疑点包括知识、方法、认识等方面。教师在课堂教学中，首先要积极鼓励学生质疑问难，敢于和善于提出问题，教师要善于捕捉学生的疑点问题。其次要引导学生学会自问自答，自己多问几个为什么，不断自破学习中的疑点。最后要在师生的平等对话与合作探究中，用好教师精讲的智慧，与学生一起解答教学的疑点。教师对于学生的疑点问题，不能置之不理，理而不答，答而不对，而要又理又答，越答越好。比如，有少数学生对党的性质和宗旨的理解，存在疑惑：既然党内存在成千上万的腐败分子，为什么还说党是先锋队，践行全心全意为人民服务的根本宗旨？笔者引导学生区分三个问题：一是把腐败分子与真正的共产党员区别开来；二是把少数腐败分子与绝大多数共产党员区别开来；三是党员的个体与党组织的整体区别开来。让学生在历史与现实的回顾中，在上述问题的比较中鉴别，在鉴别中认同和坚持正确的认识。

4. 讲在错点处，减少教学痛点

学生对于有的问题，往往一错再错。学生对此懊恼不已，教师为此伤透脑筋。究其原因主要是师生纠错不到位、不深刻、不彻底。为此，教师的精讲需在学生的错点处，切准脉搏，开出良方，刮骨疗伤，化痛为快。比如，学生解答政治综合题的答案,大都不准确、不完整,很难得高分。笔者提出了政治综合题答案的"五化"要求:一二三四序号化、扣题选理精准化、材理对接紧密化、辩证论述全面化、联系时政新颖化。这对提升学生回答政治综合题的得分率有较大的帮助。

5. 讲在彩点处,引发学生共鸣

氛围好的课堂有"三声":会意的笑声、自发的掌声、自然的惊讶声。这些"动人"的声音能打破课堂沉闷,激发学生活力。教师精彩的讲解,是引起"三声"的重要手段。比如,在"矛盾的普遍性"的教学中,笔者引导学生树立正确的苦乐观:多苦少乐是人生的必然,苦中寻乐是人生的悠然,以苦为乐是人生的超然。由此引发了学生的掌声与惊讶声!

四、把握精讲的时机,让精讲时间节点更佳

1. 讲在学生困惑时,吸引学生关注

古人云:不愤不启,不悱不发。愤,心里想求通而又未通;悱,想说又不知道怎么说。因此,我们倡导"先学后教",让学生先通过自学发现和思考问题,产生学习的困惑,当学生无法解决有关问题时,教师这才伺机而动,展开精讲,去引导和启发学生解答有关问题。

2. 讲在学生探究前,诱发学生关注

为了充分调动学生学习的积极性、主动性和创造性,教师可以在学生探究问题之间,创设问题情境,进行诱导式精讲。比如,在"具体问题具体分析"的教学中,教师引导学生正确处理好创业与学业的关系。有人认为,大学生完成学业再创业(如马云);有人认为,中断大学学业去创业(如比尔·盖茨、扎克伯格等);也有人认为,边完成大学学习边创业。你的观点如何?请说明理由。

3. 讲在课堂高潮时，竭力推波助澜

课堂教学犹如一部小说，由开端、发展、高潮、结局等环节构成，是波澜起伏的，而不是平铺直叙的。教师可以借助精讲的力量，达到一波未平、一波又起的境界。比如，首先，运用美国政治制度的有关知识，分析美国难圆高铁梦的原因：从政治制度看，美国少数资产阶级利益集团控制国家政权，影响政府决策；从经济基础看，美国私有制神圣不可侵犯；从执政党的性质看，美国执政党代表资产阶级的根本利益。其次，分析播放中国高铁建设奇迹的视频，让学生产生自豪感和幸福感。最后，归纳引用美国马萨诸塞大学名誉经济学教授理查德·沃尔夫对中国政府的评价语：中国强有力的政府，能使中国做到一些西方做不到的事；中国与西方都能做到的事，中国政府又能做得更好。与其说中国是竞争对手，不如说中国是全世界的学习对象，把教学活动逐步推向高潮。

4. 讲在评价学生时，激发学生热情

当下，绝大多数普高生不举手回答老师的提问，一个重要的原因是教师对学生的回答缺乏有效的评价激励。有的教师整堂课对学生回答几乎没有评价；有的教师只有一个评价"非常好！"（有的学生回答得非常不好，也说非常好）；有的教师大多是否定性评价；等等。这都不利于充分调动学生参与课堂的积极性和主动性。为此，教师需要针对学生的特点，及时把握评价的语言，选择评价的时机，优化评价的方法，对学生进行激励性评价。比如，请学生运用辩证的观点回答：假如你被我公司录用了，你打算在本公司工作多长时间？（一个公司招聘人才的面试题）学生的答案有：在公司工作三年；与公司共存亡；要看具体情况决定；如果公司需要我，我就坚持在公司工作；等等。最好的答案是：如果有可能，我会一直工作下去。教师的评价引导：从全面的观点看，一个人能否在公司工作，必须考虑本人与公司两方面的情况，"工作三年、与公司共存亡"等可能是一厢情愿；从联系的观点看，本人与公司是相互影响的，"公司需要就坚持工作"，可能只考虑公

司对本人的要求；从发展的观点看，本人与公司都在发展变化之中，"看具体情况决定"，可能考虑本人与公司双方的联系与发展变化情况。"如果有可能，我会一直工作下去。"这个回答运用了联系、发展与全面的辩证观点回答问题。

5. 讲在课堂总结时，做好归纳文章

课堂总结是课堂教学的重要环节。一个好的课堂总结，应该进行画龙点睛的归纳，制造后续学习的悬念，对学生进行学法指导，等等。但是，不少课堂无总结或者只有教师总结而没有学生总结，没有发挥课堂总结应有的功能。课堂总结的方式有：承上启下式；知识梳理式；拓展延伸式；问题启发式；影音赏析式；练习巩固式；演讲导向式；等等。比如，笔者在"结婚的条件与程序"教学中的课堂总结：一个女人有作为，家庭有温度；一个男人有作为，家庭有高度；一个家庭的男女都有作为，家庭就有美誉度！希望大家都有更大的作为！

五、完善精讲的策略，让精讲效能更高

1. 在平淡中演绎精彩

高中思政课的教材科学、严谨，但由于"时空制约"存在内容"大一统"（抽象）、滞后等问题，而学生常常更喜欢具体鲜活、贴近现实和时代的内容。教师可以通过"精讲"，化抽象为具体，化平淡为精彩。比如，笔者指导学生记忆"社会主义核心价值体系"，采用221数字编码，进行"精讲"。"2想"（指导思想、共同理想）；"2神"（民族精神、时代精神）；"1观"（社会主义核心价值观）。公元前221年秦始皇统一中国，现在我们要用核心价值体系，来统一全党和全国人民的思想。

2. 在比较中领悟方法

在比较中鉴别，在鉴别中选择。比如，笔者指导学生解答经济图表题的"五比完美法"的"精讲"内容：纵比找趋势，横比找差异，内外比找原因，类比找规律，特比找关系。对学生准确、全面、高效解答经济图表题有较大的启示。

3. 在设问中促成思考

教师"精讲"的问题指向主要体现在"五点"：一是学生兴趣的关注点，激发主动；二是教材内容的疑难点，突出重点；三是知识拓展的升华点，提高境界；四是情感体验的接触点，加强体验；五是材理结合的关键点，搭桥铺路。

4. 在生成中捕捉灵感

教学生成点很可能是在教学进程中学生的困惑和疑虑，这些困惑和疑虑又可能派生出更多的困惑和疑虑，成为教学的契机与增长点。比如，中国特色社会主义文化指导思想的"一元化"与文化"多样化"是否矛盾？这犹如以"爱国主义"为主题的作文，可以有诗歌、散文、记叙文、论述文、剧本、小说等多种形式，两者是一样的道理，让学生豁然开朗。

5. 在幽默中彰显智慧

幽默的"精讲"语言，可以趣化记忆、强化理解、激发兴趣、化解尴尬、调节气氛等。比如，在"三农"问题的教学中，涉及我国农业基础脆弱的一个重要表现：从事农业的主体是"386199部队"（38、61、99分别指妇女、儿童、老人），他们的农业科技水平总体较低，对加强农业的基础地位有较大影响。

6. 在情境中产生共振

情境教学认为知识需要深入情境，才能显示活力，才会富有感染力。教师"精讲"要善于置身于教学的情境之中,与学生一起产生共振。比如,学生一次期中测试考砸了,情绪十分低落。教师应采取共情性"精讲":人生难以一帆风顺,但求勇敢面对! 有时候,暂时的倒退是为了更好地前进! 我们要永远牢记,失败是成功之母,反思是成功之父! 这引发学生的强烈共鸣!

六、理好讲练的关系,提升精讲的境界

对教师"精讲"的评价要坚持"三个有利于"的标准:是否有利于最大限度实现本堂课的教学目标,是否有利于充分调动学生学习的积极性和创造性,是否有利于促进师生的共同发展。

教师处理好讲与练的关系,有五重境界。

第一重境界:乱讲乱练(杀手教师)。

少数教师由于功底不深厚、态度不端正、准备不充分,当直面激烈的教学竞争时,心里很恐慌,常常是上课随心所欲,讲到哪里算哪里,还经常拖堂,课外练习随便乱发多发,却不认真批改,学生苦不堪言,同事有苦难言。这样的教师往往以损人开始,以害己告终!

第二重境界:多讲乱练(新手教师)。

许多新分配来的教师,因缺乏教学的经验和自主探究的精神,常常照搬网上或者集体备课的教案(课件),在课堂上边播放、边讲解,往往在课堂讲解时间过多,在学生作业上采用全部拿来的方式,盲目让学生乱练,导致讲练的效率总体低下。

虽然有的教师能够总体精讲,但也存在时而乱讲,时而多讲,时而浅讲等遗憾,这需要教师在教育教学实践中不断锤炼,才能步入更高的精讲境界!

第三重境界:多讲多练(一般教师)。

面对应试教育的激烈竞争,导致不少教师总认为,"多讲"让自己放心,课堂效率更高;"多练"可以让学生"抢"到更多学习本学科的课外时间,提高教学质量。即使教学质量不太理想,也让人觉得没有功劳也有苦劳,没有苦劳也有疲劳,可以赢得领导和同事的同情。基于这样的认识,这些老师

往往在课堂内多讲，在课外布置很多练习。

第四重境界：精讲多练（优秀教师）。

这样的教师更注重"精讲"，相对忽视"练"的精心设计，在课内练习的基础上，布置较多的课外作业。在属于本学科应有的学习时间内让学生"多练"，无可非议；过分占用学生课外学习时间"多练"，往往以牺牲学生的部分综合素质为代价，影响本班其他教师正当的学科权益。

第五重境界：精讲精练（杰出教师）。

这类教师在课堂上讲得很少，但质量很高；练得很少，但效率更高。真正让学生学在课堂，懂在课堂，会在课堂，作业完成在课堂。这才是同事与学生心目中真正的名师！比如，有位数学名师，每节课累计讲课20分钟以内，课内练习2—3道题，课外一般不布置作业。学生测试成绩反而名列同类班级前茅。

总之，"精讲"艺术是灵活多变的，而教师存在的与此相关的问题也多种多样，这需要我们坚持不懈地探究破解精讲问题之法。教师"精讲"艺术的历练是一个系统工程，需要我们加强各方面的修炼，不断攀登。

高三政治复习低效的原因与对策探讨

当下高三政治复习的训练存在诸多困惑：为什么我们练过、讲过多次的一些问题，许多学生依然一错再错？为什么我们考前练过的题目，考试得分往往不高？为什么我们将学生练习之后的方法归纳成一套又一套，不少学生总是另搞一套？为什么我们的复习思路总是跟不上高考命题者的思路？等等。这需要我们把握练习的规律，把握科学的训练方法，切实提高训练的效能。

一、"练"低效的归因分析

1. 方向性偏离，不符合浙江命题的特点

常言道：方向比努力更重要。如果高三政治复习，偏离了浙江高考命题的方向，就会出现复习越用功、效率越低下的现象。所以，我们需要深入研究浙江高考命题的特点，把握其考查目标、考点调用、素材选择、设问编制、答案组织、难度把握等方面的特点与规律，明确正确的练习方向。

2. 方法性偏离，背离学生思维特点较远

为什么老师总结归纳的解题方法一套又一套，很多学生却总是另搞一套呢？其主要原因有三点。一是分类过细，学生难以把握。比如，有的老师

讲政治综合题时把题型分为图表类、体现类、意义类、原因类、认识类、辨析类、比较类、措施类、探究类、评价类等多种类型,每种类型又有多条操作要点。二是总结太突然。学生做了几道题后就归纳出某种题型的解题方法,违背了"只有占有大量可靠的感性材料,才能由感性认识上升到理性认识"的哲理。三是提炼太复杂。教师提炼的解题方法往往过于繁复,难以操作,违背了"越是科学的东西越简单"的常理。

3. 生本性偏离,没有充分依靠学生

以生为本最突出的表现是坚持一切为了学生和一切依靠学生。教师往往在主观上坚持一切为了学生,但是在实践中没有坚持一切依靠学生,导致训练效果不尽理想。主要表现是教师在课堂上"过度"的讲解,学生缺乏练的时间与机会,导致学生参与的热情减退,能力弱化;课堂外布置"过多"的练习,学生缺乏练的兴趣与自觉,导致练习的质量不断下降。

4. 监管性偏离,练习督导过程的随意性

发展的差异主要是落实的差异,落实的差异主要是管理的差异。教师在学生练习的监管过程中的"随意性"主要表现在:练习选择过于依赖"拿来主义";练习过程过于自由主义;练习批改过于简单;练习讲评过于简化;练习纠错过于浅显;等等。这些都不利于提高练习的质量。

二、提升"练"的效能的主要对策

1. 坚持"选择题"与"非选择题"的统一

把握选择题与非选择题(综合题)存在区别与联系,有利于实现两者的相互转换,准确把握学习规律。选择题与非选择题的联系主要有:首先,从构成看,两者都由"材料、设问、答案"组成;其次,从题型看,两者都有"是什么、为什么、怎么办"三种基本题型;最后,从审题看,两者都要"审

材料、审设问、审联系"。

2. 坚持"是什么""为什么"与"怎么办"的统一

选择题与非选择题的三种基本题型是有区别的，但是，这种区别是相对的，在一定条件下可以相互转化。比如，【2014年浙江卷第40（2）题】从再生造纸起家的B集团，遵循国家产业导向，把发展战略重心放到污水污泥处理及相关产业上，10年来投入10多亿元资金对技术难题进行攻关，形成了一整套独特的工艺技术和配套设备，破解了污泥干化处置这一世界性技术难题，实现了华丽转身。如今，B集团不仅经济效益良好，而且为生态文明建设做出了重要贡献，为当地经济可持续发展提供了有力支持，得到了社会认可。运用公司经营与发展知识，简述B集团华丽转身对企业转型升级的启示。这是一道"怎么办"的题型，可以转化为"是什么"与"为什么"的题型：运用公司经营与发展知识，简述B集团华丽转身的缘由（为什么）；简述B集团华丽转身的举措体现了公司经营与发展的什么道理（是什么）？

3. 坚持"平时练习"与"高考仿真"的统一

坚持平时练习贴近高考要求，及时弥补平时练习的弱点，是提高政治练习质量的重要手段。为此，教师要坚持练习选编的仿真性，筛选与高考真题相似、相近的练习，删除那些无关紧要的作业，千方百计做到"精选精练"。教师要坚持练习方式的时限性，让学生像高考一样，在限定的时间内，完成练习，防止学生练习的随意性，努力达到平时练习像高考一样严格训练、高考就能像平时练习一样轻松的境界。教师要坚持练习批改的创新性。政治练习的批改要及时、仔细与创新，尤其是练习批改的创新要服从效率，坚持形式多样，务求高效。有的重要练习可以像高考批卷一样，采用学生与教师二批的方式。防止练习批改方式的单调性与低效性。教师要坚持练习讲评的科学性。要像研究高考一样研究学生的作业问题。在统计分析的基础上，把练习讲评的重点、补短、变式等结合起来，做到"精练精评"。

4. 坚持"变式训练"与"滚动训练"的统一

（1）高考真题变式训练，让学生以变应变。用足用好高考真题的重要手段之一是做高考真题的变式训练。主要包括高考选择题与综合题之间的"互变"；综合题条件与设问的"变化"。比如，【2015年浙江卷第40题】国务院今年4月下发的《关于进一步做好新形势下就业创业工作的意见》指出，必须积极深化行政审批制度和商事制度改革，实施更加积极的就业政策，着力培育大众创业、万众创新的新引擎，激活经济社会发展新动力。该文件就进一步做好就业创业工作提出27条意见，并明确指出要把高校毕业生就业摆在就业工作的首位，在有关创业创新扶持和优惠政策方面对高校毕业生给予倾斜。

如第（2）小题：结合材料，运用就业和加快转变经济发展方式的知识阐述高校毕业生创业创新的意义。（经济角度）

如第（3）小题：结合材料，运用政府的知识阐述国务院下发《关于进一步做好新形势下就业创业工作的意见》这一政治行为的理论依据。（政治角度）可以在材料不变的情况下，增加哲学与文化角度的设问。

①结合材料，运用社会意识的知识，阐述国务院为什么要"实施更加积极的就业政策"。（哲学角度）

②结合材料，运用践行社会主义核心价值观有关国家层面要求的知识，阐述国务院下发《关于进一步做好新形势下就业创业工作的意见》的原因。（文化角度）

（2）疑难问题滚动训练，让学生纠错到底。许多学生对同样的问题为什么一错再错？原因之一就是没有纠错到底。为此，可以采用疑难问题滚动训练的方式，包括原题重做、原题变式再做、错题集中再做等方式，直至广大学生解决好有关问题为止。比如，能够运用对立统一观点解答的问题。可以让学生运用对立统一观点，分析学习中劳逸结合的原因；在各模块的复习中，分析生产与消费、继承与发展、权利与义务的对立统一关系；在不同学科的联系中，分析原子与原子核、作用力与反作用力、正数与负数的对立统一关系；在比较练习中，分析浙江省与全国其他省的高考题中运用对立统一知识回答问题的同与异；等等。让学生在多种多样的训练中，精准而深刻地把握与运用对立统一观点，丰富自己的哲学智慧。

5. 坚持"改写""补写"与"缩写"的统一

（1）改写：修改其不尽合理之处。"改写"的三个方面：一是依据参考答案"改写"自己的答案；二是依据参考答案"改写"同学的答案；三是依据题意"改写"参考答案（包括高考答案与其他答案）。

（2）补写：补充遗漏或不合浙江政治答案特点之处。"补写"三个不足：一是补"知识选择"的不足；二是补"结合材料"的不足；三是补"观点创新"的不足。

（3）缩写：压缩知识、材料与无关语言。"缩写"三类语言：一是对过长的知识性表述语言进行"缩写"；二是对结合过多的材料语言进行"缩写"；三是对其他语言进行"缩写"。

6. 坚持教育、管理与研究的统一

（1）教学即教育，加大学科德育力。比如，选择网络对联：世界那么大，很想去看看；钱包这么小，谁也走不了。启示我们要好好工作。修改对联：世界那么大，应该去看看；课堂虽然小，人人有机会。要求我们好好学习。运用唯物辩证法分析："大"与"小"的对立统一关系；"工作"与"钱"的联系，"钱"与"看"的联系，"学"与"看"的联系，竭尽全力实现从"无奈"到"希望"的转变。这就需要我们坚持不懈地刻苦学习，努力提高自身的实力，为人生提供更多的可能和希望！

（2）教学即管理，增强教学管理力。为什么有的老师上课讲得很好，但学生的考试成绩不太好。成绩的差异主要是落实的差异。某政治教师提高练习效率的 "七个一"：每课一构、每周一析、每周一编、每堂一论、每卷一赞、每周一评、每学期一个时政专题等。通过形式多样的科学管理，落实基础知识，提高学生分析问题和解决问题的能力。

（3）教学即研究，提升教学的研究力。学生练习的实践研究是提高练习质量的第一推动力。教师要深入持久地把学法、教法与考法结合起来。坚持教法服从学法，从教得精彩走向学得精彩，从讲得精彩走向练得精彩。坚持考法影响学法，在仿真练习中，让练习更高效。坚持教法贯通考法，既要认清怎么考就怎么教的弊端，又要在教法贴近考法的同时有所创新。尽力实现学法、教法与考法的完美统一。

有些教师在复习的"质"上束手无策时，就向海量的时间和作业要"生产力"，并且乐此不疲，甚而产生"迷之自信"，这种思维必须摒除。政治教师在提高练习效率的实践中还要牢记：最好的复习资料是教材；最好的练习是浙江等省的高考试题；最好的方法是适合学生的方法；最好的目标是师生每天有进步。坚持不懈地深入研究和完善以提高练习的增效策略，是教师肩负的使命，任重而道远。

高中思政课课堂观察的理论与实践思考

所谓"课堂观察"是指观察者通过对课堂运行状况的观察记录、分析和研究，并在此基础上谋求学生课堂学习行为的改善、促进教师发展的专业活动。课堂观察是听课的一种拓展与深化，比听课更全面、更深刻、更高效。教师要以课堂观察者的身份参与课堂教学研究活动，不是简单听课。简单记录，而是要有记录、分析与研究，为推动师（包括观察者与被观察者）生的共同成长出谋划策。

一、课堂观察的主要价值与分类

1. 课堂观察的价值

（1）对教师，有利于取长补短，改进行为，共同发展。比如，观察一位老教师从"人见人爱"到"人见人嫌"再到"人见人敬"的变化历程。某老师原来是一名资深骨干教师，因为封闭自守，基本不听他人的课，也不让别人听他的课。随着年龄的增长，他所教班级的学生考试成绩持续下降，而他总是强调学生、班主任、学校管理等方面的原因，从不主动寻找自身原因。对此，学校邀请校外同学科名师、本校同学科年轻骨干教师与他一起开展"同课异构"活动，让他深刻认识到自己与名师、年轻骨干教师的差距，转变观念，改善行为，再创辉煌！

（2）对学校，有利于督促检查，推广经验，改善管理。比如，我校管理者在课堂观察中发现某年级同学科教师之间相互进行课堂观察的次数极少，而且教学计划不同，学生练习各异，测试成绩严重失衡等问题之后，进一步完善学校有关学生练习的规定，坚持公共自修与学科自修课分设，采取同年级学科组成绩捆绑式的目标管理考核办法等措施，鼓励教师增强合作意识，改进合作方式，实现互利共赢。

（3）对管理部门，有利于评估指导，深化研究，促进提升。这里的部门包括上级教育管理、研究、督导等部门。比如，浙江省教育厅在省级特色学校的评估中，要求随堂观察3节课（不同年级、不同学科，随机抽取），在一定程度上代表学校某学科的教学实力。这要求教师人人准备，展示学校学科教学的整体实力。

2. 课堂观察的分类

（1）按课堂观察的主体分：学校管理者、学科教研员、同学科教师、平行学科教师等。各个课堂观察主体的侧重点不同：学校管理者的课堂观察重在检查；学科教研员的课堂观察重在指导；同学科教师的课堂观察重在学习；平行学科教师的课堂观察重在分享。

（2）按课堂观察的功能分：研究类、指导类与考评类等。研究类课堂观察主要包括四种情况。一是了解性课堂观察。意在了解某位教师在某个阶段的基本教学状况。比如，对新教师的课堂观察研究。二是研讨性课堂观察。前后相继，有系统、比较性的研究性课堂观察活动。比如，同课异构的课堂教学观察研究活动。三是会诊性课堂观察。这主要是帮助教学水平和经验不足的教师改进教法，提高效能的课堂观察活动。比如，某教师的测试成绩总是明显低于平行班级，学校组织专家和骨干教师一起进行课堂观察，分析原因与共商对策。四是切磋性课堂观察。这主要是同年级同各学科教师为交流教学情况、研究教学方法而进行的相互课堂观察活动。

指导类课堂观察也有四种方式。其一，总结性课堂观察。为帮助教学水平高的教师或正在尝试教改实验的教师总结教学经验而进行的课堂观察活动。其二，示范性课堂观察。请有鲜明教学特色的教师执教，通过示范教学，推广先进的教学方法与经验。其三，比较性课堂观察。比如，同课异构的课堂观察，在相互比较中，取长补短，改善教师的课堂教学行为，打造高效课堂。其四，跟踪性课堂观察。连续多次观察特定教学课堂教学的活动，是一种有计划、有目的地培养和提高教师素质的课堂观察行动。

考评类课堂观察有三种情形。一是检查性课堂观察。为考察教师的工作态度、备课与上课情况而进行的督促性课堂观察。二是考核性课堂观察。专门为教学的考核而展开的课堂观察活动。三是评优性课堂观察。对教师的课堂教学进行定性评价，评出课堂教学的优劣，具有筛选性、比较性和公正性等特点。

二、课堂观察的认知偏差与对策

1. 课堂观察的认知偏差

（1）被观察者的认知偏差。

①"不想承受开课之重。"教师开设一堂公开课负担沉重。在心理上总担心出丑，在教学中，要经历说课、试教、磨课、评课等多个环节。由此导致不少教师不愿上公开课，能逃则逃，实在不能逃则应付的现象。其实，承担公开课收益最大的是上课教师本人。开课教师通过多样经历、多种指导、多方改进，必将受益匪浅。

②"开课要留一手。"有的教师不想把自己上课的"秘诀"展示出来强化对手、弱化自己，就对上公开课采取表面应付的行动。其实，教师"留一手"的信息、资料、经验、方法等本身是否优质、用得是否高效，要经过展示与交流之后才真正清楚，况且"留一手"中的落后或错误的东西，必然影响教师专业成长的步伐。

③"公开课都是表演课。"有的教师认为，公开课是作秀课，是骗人课，如果平时都像公开课那样上课，那就完了。不同教师上公开课的要求不

尽相同。新分配教师的汇报型公开课重在合格；普通型教师的日常性公开课重在务实；专家型教师的示范型公开课重在引领。

（2）观察者的认知偏差。

①唯任务观。课堂观察就是为了完成任务。观察者迫于学校考核与教研组的要求，在无奈中开展课堂观察，时而出现迟到、闲聊、看手机、不记录、东张西望、无心观察、抄他人课堂观察笔记等现象。

②学科本位主义。课堂观察只观察本学科的教师课堂，甚至是观察本年级本学科的教师课堂，其他学科的课堂与我无关。同学科课堂观察固然是重要的，但是不同学科之间可以相互取长补短，有利于改进本学科的教学。

③唯名师马首是瞻。有的教师认为，课堂观察就是观察本校名师的课堂，或者外出观察名校名师的课堂。有的教师在观察时"感动"，议论时"激动"，结束后"不动"。其实，课堂观察不只是为了欣赏，而是为了改善自己的教学行为。

④为观察而观察。不少教师的课堂观察只是一味地观察上课教师的表现，非常重视教师"教得精彩"，往往忽视学生如何"学得精彩"。课堂观察既要观察教师的活动，更要重视观察学生的学习活动。课堂观察者不是坐在教室最后或边角，而应该坐在学生中间，仔细全面观察课堂师生的行为。

⑤作壁上观。课堂观察应是学校管理者、教研员、新教师等人之事，与我无关。其实，"三人行，必有我师"，教师"充电一阵子，放电一辈子"的时代早已过去。教师应该自觉树立终身学习理念，不断更新教育观念与知识结构，丰富教学智慧，改善教学行为。

2. 高效实施课堂观察的基本对策

（1）作为学习者角色，取长补短。课堂观察者要积极主动做到以下几个方面。

①专注听。在课堂上全面听取师生的各种声音，尤其是要善于聆听学生发生的"杂音"。

②仔细记。及时准确记录被观察者的教学亮点、堵点、误点、弱点与盲点等，作为课后反思的基本依据。

③主动思。及时主动思考课堂观察中的问题。一思对不对。被观察者在知识讲解、方法选择、课堂生成等方面是否科学。二思适不适。被观察者是否把知识逻辑、生活逻辑与教学逻辑有机结合起来。三思好不好。课堂活动是否有利于培育学生学科核心素养，打造高效课堂。

（2）作为研究者角色，发现问题、分析问题与解决问题。

①从教学主体看，课堂教学的问题应该包括"教"与"学"两方面的问题，不能片面强调一个方面，而忽视另一个方面。

②从教学过程看，包括开端、发展、高潮、结局等问题。特别要观察课堂有没有"高潮"的掀起，课堂进程是否在一波未平，一波又起中展开，让学生有课堂学习的"高峰体验"。

③从教学课型看，有新课、复习课、测试讲评课等问题。新课是否从简单到复杂，复习课是否从复杂到简单，测试讲评课是否从单一走向多样。

（3）作为授课者角色，思考假如自己是被观察者应该怎么办。

课堂教学是现场的变化活动，需要教师有"现场"的教学智慧，即席创新，科学应对突如其来的变化，适时调整预设，灵活驾驭课堂，力争效能最大化。

①及时、准确、全面地思考本堂课的教学内容、学生实际、课堂设计等，为课堂观察与评议提供依据。

②充分做好课堂观察准备。针对同一教学内容，备好课，早到课堂找个合适座位等，充分准备开展一次同一现场、同一时段、同一学生的"同课异构"活动。

③分步进行观察思考记录。认真记录好"教学环节、自主评议、改进建议"等三个主要内容。

④进行课堂教学尝试。根据被观察者的实践现状，在观课、议课的基础上，吸收各方有益的意见和建议，经过反复的自我反思，再次设计同一内容的教学方案，开展新的教学实践。

⑤及时撰写教学研究论文。选择自己最深刻的一点体会和同行在这一方面的普遍弱点，进行新的理论与实际的思考，及时写出课堂观察的研究论文。

3. 遵循课堂观察的基本原则

（1）教学并重原则。课堂教学是教与学的双边活动，而教主要是为了学。所以，教师在课堂观察中，要全面观察被观察者的教与学生的学的行为，两者相互兼顾，侧重观察学生在课堂的学习行为。

（2）观思并用原则。在课堂观察中，把仔细全面观察与深度思考结合起来，防止只观不思或者偏观胡思等现象。

（3）观选并行原则。观察者要有选择、有重点地进行课堂观察，善于取人之长，增己之长，补己之短。

（4）观议并联原则。及时认真把观课与议课结合起来，虚心倾听与包容他人的发言，防止下课一走了之和议课漫不经心等现象。力争积极主动地发表自己观点，防止一言不发和胡言乱语等现象。

4. 用好课堂观察的实用技术

课堂观察既是一门艺术，也是一门技术。课堂观察的技术，主要指课堂观察中各种观察方法的操作流程，主要强调"怎么做"的问题。

课堂观察技术分为定量技术与定性技术两大类。

（1）课堂观察的定量技术。这是观察者运用事先准备的一套结构性量表，进行观察和记录的研究方式。主要包括编码体系、记号体系、登记量化表。

①编码体系。比如，一位目标学生课堂学习观察的"编码"（次数统计）：在听讲；在静思；注意力不集中；妨碍其他学生；等待教师讲课；在自学；对教学表现出兴趣。

②记号体系。比如，对教师课堂主动行为观察的"记号体系"（次数与时间）。如表1所示。

表 1　教师课堂主动行为观察的"记号体系"

项　目	很好 100%	较好 80%	一般 60%	较差 60%
讲授（20分）				
示范（20分）				
提问（20分）				
指导（20分）				
聆听（20分）				

③登记量化表，如表2所示。

表 2　登记量化表

指标	很好 100%	较好 80%	一般 60%	较差 50%
目标（20）				
内容（20）				
方法（30）				
效果（30）				

（2）课堂观察的定性技术。这是指观察者对多角度、详细的记录的内容，经过必要的加工和补充，以文字和图像的形式呈现观察结果。主要包括描述体系、图式记录、工艺学记录。

①描述体系。比如，课堂观察描述内容：教学错误（知识、方法、手段等错误）；教学亮点（教材处理、课堂点拨、课堂生成等闪光点）；教学困点（讲解不畅、指导不力、关注不善等问题）。

②图式记录。比如针对学生课堂回答问题的分布情况观察（假如班级48人），进行点的记录，绘制图式，分析问题，提出建议。

③工艺学记录。比如课堂观察的录音、录像、照片等记录，在课后再观察、再思考、再实践、再提升等。

课堂观察要坚持关注五个问题：一是观师如何教得精彩；二是观生如何学得精彩；三是观课如何教学精彩；四是观议如何分享精彩；五是观行如何再造新彩。在课堂观察中，坚持不懈深化研究，在观察中学习，在学习中研究，在研究中改进，不断开创课堂观察的新境界！

高中思想政治课综合题的命制漫谈

——以浙江高考政治试题为例

思政课教师学会命制综合题，这既是教师专业素养的彰显，也是提高课堂教学效能的需要，更是立德树人的重要抓手。

一、提升命题实力，有利于改善思政课教学行为

1. 促进教师专业成长

衡量教师专业发展有四个重要能力参照标准：教材处理能力、课堂生成能力、试卷命制能力、课程开发能力。其中试卷命制能力有助于优化教材处理，能推动课堂生成与课程开发。

2. 提高学生学习效能

不少学生在各类测试中主观题的总体得分不高。其主要原因是对教材知识理解不深刻、答题方法不科学、平时训练不到位等。教师通过科学的编题，可以让学法指导更到位、课堂训练更合理，从而使学生知识运用更灵活。

3. 打造高效政治课堂

高效政治课堂集中体现在如何处理好教师"讲"与学生"练"的关系

上。教师"讲"与学生"练"往往离不开一定的试题,尤其是复习课,需要编题、做题、评题、讲题等有机结合。教师编好题,有利于提升教师教学研究能力、教学目标的定向能力、试题的精讲能力。

二、把握试题构成,正确处理好试题的内在关系

一般来说,无论是选择题(包括是非判断题),还是综合题,都包括背景、设问、答案三个有机组成部分。正确把握这三者之间的逻辑联系,是命好题的关键。

1. 精选背景材料,需要坚持六个统一

(1)讲究政治性,坚持选编材料与时代主流价值观相统一。试题背景材料的选择必须符合党和国家当下的路线、方针、政策,体现社会主义核心价值观的要求,坚决回避敏感与有争议的政治性问题。材料选择必须来自国家的权威媒体,不用道听途说的小道消息资料。

(2)讲究时代性,坚持选编材料与国内外重大时政相统一。政治命题不是回避时代热点问题,而是迎着热点问题上。既包括长期热点,也包括新出现的短期热点;既包括国内热点,也包括国际热点;既包括省内的地方热点,也包括全国的热点。这是思想政治课的生命力和战斗力之所在。

(3)讲究多样性,坚持选编材料内容与形式相统一。从内容看,包括经济、政治、文化、社会等;从地域看,有国内的(尤其是本省的)和国际的;从时间看,有历史的,更多的是现实的;从来源看,有完全真实的和虚拟真实的(编题者选编的)。

(4)讲究公平性,坚持选编材料的客观性与可能性相统一。情境材料不应该对年龄、性别、地域、民族、家庭和生活阅历等构成差别性影响,如有新的概念或者可能影响公平性的内容,一般要做出注释,以更好地体现公平性。情境材料编制,除了图表的数据完全真实外,其他材料大都是编者"编写"的。

（5）紧抓规律性，坚持生活逻辑与知识逻辑相统一。很多以生活逻辑为主的选编材料，一般由背景、措施、成效三部分构成，有时也由措施、举例与结果构成。有的材料选编以知识逻辑为主，一般按教材的知识逻辑分层编写。

（6）讲究关联性，坚持选编材料与教材知识有机统一。选编的材料一般要充分承载所选择的知识，彰显答案就在材料中的特点。材料与知识的对接有多种形式：一个材料对一个知识、一个材料对多个知识、多个材料对一个知识，等等。有的材料与知识按层次一一对应；有的材料与知识按整合有机对接。

2.科学编制设问，突出七要素

这里的七个要素包括材料、知识、主体、事件、题型、层次、分值。比如，【2010年浙江卷第41（2）题】根据材料一的信息，运用社会再生产的知识，分析材料二中浙江省政府有关经济举措对统筹城乡发展的积极作用。（14分）

该题七要素体现：（1）材料，材料一与材料二；（2）知识，社会再生产的知识；（3）主体，浙江省政府；（4）事件，统筹城乡发展；（5）题型，意义类；（6）两个层次，结合材料一、分析材料二；（7）分值，14分。

值得注意的是，不是所有综合题的设问都包括七个要素，大多数综合题都少于七个。在这七个要素中，最重要的是关注知识（用什么范围的知识）、主体（一个还是多个）、题型（是什么、为什么、怎么看、怎么办等）等三个要素，但也要兼顾出现在设问中的其他要素。

3.编制答案，坚持五化结合

（1）一二三四序号化。各点既围绕中心又相对独立，仿真重复与交叉。（2）扣题选理精准化。按设问知识指向和材料内容，精准选理。防止错选、多选与少选。（3）材理对接无缝化。整合材料，让材料与知识有机对接。防止空位（材理无对接）、错位（材理乱对接）、越位（材理过度对接）。（4）

主次分明全面化。按照题意突出重点，全面回答，使答案形成完整的逻辑体系。防止片面回答或平均化回答。（5）联系时政新颖化。联系权威的时政观点，创新答案要点。

三、把握命题原则，彰显试题的仿真性

1. 坚持科学性原则，切实保障试卷质量

一是选材的科学性。主要包括材料的观点、数据、图表等科学无误，真实可靠，大家公认。二是设问的科学性。设问的指向具体、精准、新颖等。宏观设问材料必须严格封闭，微观设问能够让材料与知识充分对接。三是答案的科学性。材理有机结合、辩证思维精准、语言简明扼要、逻辑严密等。

2. 坚持思想性原则，指向学科核心素养

高中思政课的核心素养包括政治认同、科学精神、法治意识、公共参与。社会主义核心价值观是政治学科核心素养中"政治认同"的重要内容。政治综合题应该自觉渗透社会主义核心价值观教育，体现一个或几个学科的核心素养，使学生在练习中，潜移默化地让学科核心素养落地生根，开花结果。

3. 坚持时代性原则，贴近时代发展脉搏

政治综合试题一般要紧跟时代热点问题，体现思政课的生命力和战斗力的特点。所选热点材料既有宏观背景的，更多的是微观背景的。当下浙江政治选考的综合题，除了《生活中的法律常识》的试题以外，其他模块的综合题，几乎都是时政热点材料。

4. 坚持创新性原则，展示大稳定小变化

浙江选考政治试题的材料选择、设问、答案等具有大稳定、小变化的

特征。比如，设问的角度，从以微观设问为主，走向微观与宏观设问并重，答案的编制以封闭为主，走向封闭与开放相结合。所有这些都体现了浙江政治选考综合题的设问与答案编制逐渐向全国文综政治综合题的设问与答案编制的特点靠拢。

5. 坚持导向性原则，发挥考试的引领作用

政治综合题的编制在选材、立意、设问、组织答案等方面，都要贯彻我们党和国家的教育方针，紧紧围绕"培养什么人、如何培养人、为谁培养人"等重大问题，为改进高中思想政治课教学行为，发挥正确的引领作用。

6. 坚持适切性原则，符合不同考试的要求

这里的适切性主要包括：符合《考试说明》中各考点a、b、c等第的不同要求；符合容易、稍难、较难等各题难度预期的要求；符合仿真、校本、创新相结合的不同要求；符合校考、学考、选考等不同层次的要求。

四、严格把好程序，力争环节顺畅到位

政治综合题的命制过程，一般包含相互联系的五个环节。

1. 确定考试类型与目标

思政课的测试包括单元、期中、期末、联考、模考等不同考试。不同政治测试的综合题的具体目标也不完全相同。

2. 订好双向细目表

无论什么类型的测试，其双向细目表一般包括以下内容，如表1所示。

表 1 双向细目表

题序	考点	分值	考查目标			难度		
			识记 a	理解 b	运用 c	易	中	难

3. 确定好试题立意

试题立意就是确定好命题的意图。这是命题的灵魂，是体现考试目的之关键所在。试题立意分为知识立意、能力立意和价值立意。知识立意侧重考查"是什么"；能力立意侧重考查"为什么"与"怎么做"；价值立意侧重考查"做什么样的人"。试题立意要求正确、鲜明、集中。所谓"正确"就是要符合党和国家的路线方针政策；符合《考试说明》规定；符合事物发展的规律与学生的实际等要求。所谓"鲜明"就是要旗帜鲜明地表示爱什么，憎什么；赞成什么，反对什么，不能含糊，更不能颠倒。所谓"集中"就是要突出重点，考查目标要有一定的层次和紧密的相关性。

4. 精选材料与编题

精选材料要求坚持科学性、思想性、时代性、典型性、公平性等有机结合（前面已述）。编题要求模仿、变化、原创等要求，体现仿真性、校本性与新颖性等要求。初编试题的方法有两种。一是从立意→情境。根据已确定的考查目标（双向细目表）和要求（立意），将与考查内容有关的材料编制成情境，进行文字编辑（设问），使其具有特定的测试功能。二是从情境→立意。根据已有的素材（情境）确定可以考查什么（立意），再编辑文字。

5. 做题与审题

编题者独立做一遍自己所命制的综合题，发现问题，修正错误。也可让不同程度的学生做一做，发现新的问题与缺陷。审题主要包括所用文字对不对；预设立意准不准；考点分布匀不匀；所选材料真不真；所设问题像不像；答案要点好不好；等等。审题除了编题者之外，还可以请其他教师甚至是优秀学生参与审题，吸收各方面的合理化建议，让试题更优质。

五、掌握科学方法，提高试题命制质量

1. 以材料与知识的对接看有两种方法

（1）整材寻理法。①可以把几个材料整编为一个材料来编题。比如，精准扶贫有中央的与地方的，有宏观与微观的，有过去与现在的，等等。编题者把有关材料整合为一个典型的材料来寻找适合的知识编题。②把"一般"素材改编为"典型"材料来编题。把一个原生态的材料，经过浓缩与适当补充，变成一个比较典型的材料，再寻找适合的知识编题。

（2）据理寻材法。依据考点的要求寻找典型的新材料编题。比如，依据矛盾的同一性（相互贯通：相互转化）知识，浙江政治选考命题专家找到"讲好中国故事的重要性和必要性"；中国汞都通过系列改造从"死地"变成"活地"等典型材料进行编题。

2. 从模仿与创新的关系看有三种方法

（1）真题模仿法。模仿浙江等地的高考真题来编题。编题者要综合研究浙江选考政治主观题的特点、规律、方法与要求。

比如，【2017年11月浙江卷第41（2）题】美国自诩为"世界民主和自由之灯塔"，美式民主常常被某些人看成是西方民主的典范。但备受世人瞩目的2016年美国大选，其娱乐化进程犹如一场现实版的《纸牌屋》，大选后进入政府班子的核心成员差不多都是大财团大企业的CEO，大选中所揭露的丑闻、腐败指控和选举舞弊等至今困扰着美国的政治生活。国际社会和许多美国老百姓对美式民主深感失望。运用美国两党制的相关知识，进一步说明国际社会和许多美国老百姓对美式民主深感失望的道理。【参考答案】美国两党制是美式民主的重要内容。虽然，美国两党制在形式上提供了民众参与国家政治生活的渠道（P45），也使执政党和在野党形成相互制约，但美国总统选举过程中所揭露的丑闻、腐败指控和选举舞弊等表明，美国两党之间的制约水平有限（P45），总统选举不过是资产阶级不同利益

集团之间的政治游戏而已（P45），两党制存在的制度性问题至今得不到解决。由此说明，美式民主不是民主的典范，国际社会和许多美国老百姓对美式民主深感失望是有道理的。编者可以在材料选择、设问与答案编制等方面进行模拟。

【模拟】英国在"脱欧"法案问题上，"硬脱欧派"（与欧盟彻底划清界限）和"软脱欧派"（与欧盟保持适当关系）两股势力最终在争议中达成妥协，英国议会表决通过英国首相特蕾莎·梅提交的"脱欧"法案。英国女王伊丽莎白二世于当地时间2018年6月26日批准该法案。根据该法案，英国将停止履行1972年《欧洲共同体法案》、废止欧盟法规在英国法律体系中的优先权，代之以英国国内法。法案的通过标志着英国国内在"脱欧"问题上达成原则性共识，特蕾莎·梅表示，法案的通过是平稳有序"脱欧"的关键一步。运用"君主立宪制的实质"的知识，分析英国各派在"脱欧"法案问题上的争论与达成妥协的主要原因。（6分）

【参考答案】英国资产阶级专政的国家性质决定了英国的君主立宪制在本质上是一种资产阶级的政权组织形式；（2分）在脱欧法案上，各派往往代表不同利益集团和阶层的利益，必然存在争论；（2分）各派又在维护资本主义制度上没有根本区别，能达成共识。（2分）

（2）适度改编法。编者在纵向研究浙江文综政治主观题的基础上，横向研究全国文综政治与兄弟省市命制主观题的创新点，适当改编政治主观试题。

比如，【2017年全国文综Ⅰ卷第38题】我国是一个消费品制造大国，也是消费大国。目前，我国生产的消费品中，家电、塑料、五金、食品、陶瓷等行业100多种产品产量居世界第一。其中，家电、制鞋、棉纺、服装等产能占全球的50%以上。

据统计，2005—2014年我国境外消费年均增长25.2%，是同期国内社会消费总额增速的2倍。2016年我国出境人次达1.35亿，境外消费达2600多亿美元，其中一半以上用于购买服装、化妆品、箱包、奶粉、手表等商品。2016年中国奢侈品消费超过1100亿美元，其中76%的消费发生在境

外。上述材料反映出我国消费品供给存在什么突出问题？我国生产企业应如何应对？（14分）

【参考答案】（1）我国消费品供给存在的问题：①产品供需存在矛盾，有的产品产能过剩，有的产品不能满足人民群众的真正需求；②产品供给结构存在问题，优质产品和高科技产品不足；③产品的品牌度不足。（2）生产企业如何应对：①大力推行供给侧改革，化解产能过剩，面向市场生产适销对路产品；②调整产品结构，提高产品质量，满足人民群众的实际需求；③创立品牌意识，提高产品的信誉和形象，知名度和美誉度；④调整企业经营策略，提高科技管理水平，生产出质优价廉的优质产品。

编者可以在材料不变的情况下，改编设问与答案。

比如第（1）小题：结合材料，运用"企业的经营与发展"的知识，说明我国企业应该如何解决我国消费品供给存在的突出问题。

比如第（2）小题：结合材料，运用"多彩的消费"的有关知识，分析我国消费者在境外消费快速增长的原因（可补充一段材料：我国经济增长的数据等）。

比如第（3）小题：结合材料，运用市场经济的有关知识，回答我国政府应该如何引导企业解决我国消费品供给存在的问题。

上述3问答案略。

（3）自主原创法。编者在学习浙江及全国各地政治命题特点的基础上，结合学校与当前国内外重大时政，创新编题。其基本做法是：①主观题立意（核心素养、能力等级3、学科知识、试题类型）；②寻找与整编材料；③编成主观题。

比如，【试题】全国人大常委会面对香港的新形势，根据全国人大的有关决定，制定了《中华人民共和国香港特别行政区维护国家安全法》（下文简称《香港国安法》）。香港特别行政区成立了由行政长官担任主席的香港特区维护国家安全委员会，承担维护国家安全的主要责任，香港警务处成立国家安全处，专职处理相关工作，香港广大市民支持、拥护和遵守《香港国安法》，从此为"一国两制"行稳致远保驾护航。分析上述材料是如何体现"全面推进依法治国的基本要求"的？

【参考答案】①全国人大常委会面对香港新形势和全国人大的决定，制定《香港国安法》，体现了立法机关科学立法；②香港特区政府及警务司等执行《香港国安法》，体现了地方行政机关严格执法；③香港广大市民支持、拥护和遵守《香港国安法》，是全民守法的体现；④总之，上述材料体现了实现全面推进依法治国的总目标的要求。

3. 从命题的主体看，有自主命题与合作命题

（1）自主命题主要由个人相对独立（有时也请他人审题与答题）完成。（2）合作命题由多人参与分工合作命题。可以按照集体讨论的双向细目表，按照知识模块（4个必修与2个选修模块）分工命题或者按照题型（客观题与综合题）分工命题。在一人或多人审题与做题的基础上，再由一人终审与定稿。

六、实施科学评价，总结命题经验教训

1. 试卷的难易程度的评价

一个题目，如果大部分考生都能答对，那么这个题目的难度就小，难度系数大；如果大部分考生都不能答对，那么这个题目的难度就大，难度系数小。浙江省高中政治学考与选考的难度系数分别为0.75—0.85与0.55—0.65。

就高考来说，难度以适中为宜，单个试卷的难度系数以0.3—0.7为好，整卷以0.5—0.6为最佳。一般将难度系数大于和等于0.7的试卷定为容易题；大于0.4和小于0.7的定为中档题；小于和等于0.4的试卷定为难题。命题时难度系数一般要按一定比例分配，如较难题：稍难题：容易题=3：6：1或3：5：2。

2.区分度评价

整个试卷的区分度计算（常用）公式为：$D=2（XH—XL）/W$。D为试卷区分度，XH为27%高分组平均分，XL为27%低分组平均分，W为试卷总分。试卷的区分度在0.4以上表明此题的区分度很好；0.3—0.39表明此题的区分度较好；0.2—0.29表明此题的区分度不太好，需要修改；0.19以下表明此题的区分度不好，应淘汰。高考的区分度一般要求在0.3以上。

3.信度评价

信度指使用同一试卷对考生重复测验时，或两份平行试卷对考生测验时，所得测验分数的一致性和稳定性程度。信度除了要说明成绩的真实性之外，还要说明题目涉及的内容与教学的相关程度。

4.效度评价

测试效度即测试的有效性，指一套测试卷对应该测试的内容所测的程度。考试有效性或正确性的质量指标，即是否考了要考的内容，试卷难度、区分度是否适宜，考试最终是否达到了它的预定目的等。测试的效度包括：（1）表面效度，测试应达到的卷面标准，即一套测试卷从表面看来是否是合适的；（2）内容效度，测试卷是否测试了应该测试的内容或者说所测试的内容是否反映了测试的要求，即测试的代表性和覆盖面的程度；（3）编制效度，即测试卷的诸项目对编制该测试所依据理论的各个基本方面的反映程度；（4）经验效度，即一种衡量测试有效性的量度，通过把一次测试与一个或多个标准尺度相对照而得出结论。

总之，政治命题是一个学习的过程，需要博采众长；政治命题是一个研究的过程，需要把握规律；政治命题是一个创新的过程，需要辩证否定；政治命题是一个艰辛的过程，需要攻坚克难；政治命题是一个快乐的过程，需要"苦中作乐"。

如何提升结合材料解答综合题的能力

　　结合材料回答问题是思政课教学的难点,也是学生学习思政课的痛点。增强学生结合材料回答综合题的能力不仅是思政课贯彻理论联系实际的原则、提升学生核心素养的重要路径,也是提高学生思政课的学考与选考得分的重要环节。

一、多维解读,分清主观题材料的类型

1. 从内容的构成看,包括文字与图表

　　文字有中国汉字、阿拉伯数字、其他文字。图表包括图形(漫画、统计图、函数图等)与表格。这样的材料有利于保持卷面符号的多样性。

2. 从时间的角度看,包括历史与现实材料

　　全国各地高考的思政课综合题的材料几乎都是时政热点材料,符合思政课贴近时代的要求,但有时也穿插一点历史的材料。

3. 从来源的角度看,包括直接"拿来"与编者编写的材料

　　直接拿来的材料主要有表格中的数据、漫画等。大部分的材料是命题者编写的,以保持材料的公平性、新颖性和典型性。

4. 从材料与答案关系看，包括有关与无关的材料

主观题中的材料，有的与答案直接相关，有的与答案间接相关，有的与答案无关。这需要考生在答题中根据题意正确区分与选择。

5. 从材料与学科关系看，包括学科语言与非学科语言

主观题的材料要尽量淡化学科语言的痕迹，但难免会出现思政学科的语言。这也需要考生在答题时科学分辨与取舍。

二、深入探究，把握结合材料的方法

1. 信息题，"五比完美"法

在浙江高考的文综政治和选考政治综合题中，经常出现图表题。学生对图表题的解答的得分率总体不够理想，这需要教师科学指导学生掌握图表题的解题方法。笔者结合多年的教学实践，总结出回答图表的"五比完美"法，以为对学生解答图表题有一定的借鉴价值。

所谓"五比"完美"法包括：纵比，在变化中看趋势，从时间的维度，看该项目的发展变化的趋势；横比，在辨别中看差异，从空间的维度，看该项目与其他项目之间的变化差异；外比，在对比中找问题，从图表内部与外部（特别是注文内容等）的比较中，寻觅其中的原因；类比，在分类中找关系，对图表的项目进行分类比较，寻找它们之间的区别与联系；特比，在特殊性中找原因，关注特殊时段材料，分析其中蕴含的理由。

比如，【2010年浙江卷第40（1）题】指出材料一图13中的经济信息。

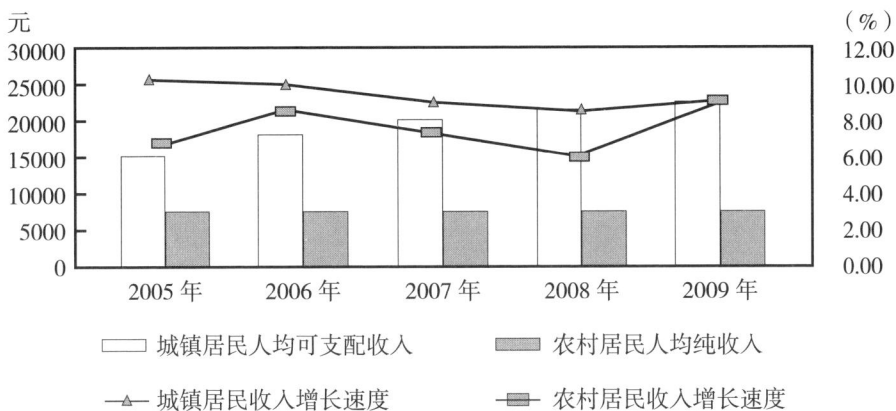

图 13　2005—2009 年浙江省城乡居工收入及其增速对比

【参考答案】图13显示，2005—2009年浙江省城镇居民人均可支配收入和农村居民人均纯收入都在增长（纵比），但前者大大高于后者。城镇居民收入增速大于农村居民收入增速，二者的差距有缩小的趋势（横比），但农村居民收入的增速波动较大（纵比、横比）。

2. 一般题，"五法" 结合

（1）原句照抄法，即把材料中关键词句与原理对接。

比如，【2012年浙江卷第41（1）题】结合材料，运用文化发展的中心环节的有关知识，说明该村开展"一碑两谱五星"活动取得成功的道理。（4分）。

【参考答案】社会主义思想道德建设体现着社会主义文化的性质和方向，是文化建设的中心环节。W村开展的"一碑两谱五星"活动，紧紧抓住了社会主义思想道德建设这一中心环节，保证了文化建设的正确方向。社会主义荣辱观是社会主义思想道德的集中体现。"一碑两谱五星"活动的内容体现了社会主义荣辱观的要求，为村民们提供了最基本的行为准则和价值取向。"一碑两谱五星"活动具有群众性的自我教育特点，自荐自评、互荐互评方式促进了村民自省自律，提高了村民的思想道德修养。

说明：答案中的"一碑两谱五星"活动，就是材料中的关键词句。

（2）据理整合法，即根据设问所选的教材知识，整合材料关键词句与教材知识对接。

比如,【2021年1月浙江选考卷第38(1)题】近几年,"直播带货"利用互联网直播技术,绕开中间渠道直接面对消费者进行线上展示、导购和销售商品,帮助提升消费体验,为许多产品打开销路。尤其是一批网红主播凭借自身流量和产品价格优势,吸引众多消费者下单,销售业绩惊人。数据显示,2019年全国"直播带货"市场规模达到4338亿元,预计2020年将突破9000亿元。然而,"直播带货"也不时出现直播者违规宣传、举止低俗、数据造假、销售假冒伪劣产品等乱象。运用有关消费的知识,分析"直播带货"市场规模快速增长的原因。(7分)

【参考答案】①生产决定消费的方式、质量和水平,直播技术改善了消费体验;交换是连接生产与消费的桥梁和纽带,"直播带货"方便了消费;②价格影响消费,"直播带货"绕开中间渠道,有利于降低商品价格;③消费具有从众性,一些主播通过自身流量引发消费者对某类商品的追求。

(3)内外结合法,即根据设问,结合题内与题外的相关情况,与教材知识对接。

比如,【2011年浙江卷第41(3)题】材料三:就"用工荒"问题,三位同学各抒己见。小张认为,"用工荒"是一个严重的社会经济问题,一定程度上"慌"了企业,企业和政府都应高度重视。小王认为,"用工荒"与劳动力价格太低有关,企业只要大大提高工资,"用工荒"就能迎刃而解,企业也没有什么可"慌"的。小周则认为,"用工荒"是市场运行过程中的自然现象,不必大惊小怪,只要让"看不见的手"继续发挥作用,"用工荒"问题自然会得到解决。面对"用工荒",政府应如何履行其应有的职能?(12分)

【参考答案】①政府要维护劳动者和企业合法权益,协调企业和职工的关系,履行保障人民民主和维护国家长治久安的职能。②加强宏观调控,帮助企业转变发展方式,履行组织社会主义经济建设的职能。③推动企业加强文化建设,加强对职工的人文关怀,推动农民工技能培训,履行组织社会主义文化建设的职能。建立健全社会保障体系,履行提供社会公共服务的职能。④政府还要依法行政,科学民主决策,接受监督,提高服务能力和水平。

（4）分层结合法，即根据材料既定层次的顺序结合材料。

比如，【2011年浙江卷第40（1）题】动漫大片《田螺遗梦》是我国文化百花园中的一朵奇葩。作品取材于中国民间传说，剔除了其中带有迷信、颓废、庸俗色彩的内容，突出了中国文化和而不同的价值理念。作品制作运用了目前国际最高水准的动画电影技术，注入了国际动漫作品所特有的神幻色彩，从而使作品更具国际口味。作品多次参加国际国内动漫节和电影节，摘取了多个奖项，赢得了国内外的一致好评。结合材料，说明动漫大片《田螺遗梦》的成功体现了"文化传承与创新"中的哪些道理。（10分）

【参考答案】①文化在继承中发展。该作品取材于中国民间传说，突出了中国文化和而不同的价值理念，体现了继承对于发展的基础性作用。②文化发展的实质就在于文化创新。该作品之所以能够成功，在于对民间传说的改编、采用国际最高水准的动画电影技术、注入国际动漫作品所特有的神幻色彩等方面的创新。③文化在交流中传播。通过国内、国际两个平台，作品在交流中得到了传播。

（5）显性与隐性相统一结合法，即根据材料的显性与隐性信息有序得出结论。

比如，【2011年6月江苏卷第12（1）题】材料一：

表1　中国与世界部分经济指标对比

	三大产业结构比例	研发经费占 GDP 比重	单位 GDP 二氧化碳排放量（2008 年）
中国	10.6：46.8：42.6	1.7%（2009 年）	$\dfrac{中国}{世界平均} \approx 3.5$
世界平均	3：28：69	2.21%（2007 年）	

注：以各产业增加值占 GDP 比重计算。

材料二：1978—2010年，我国GDP总量从3645亿元增长到397983亿元，年均增长9.87%。"十二五"规划确定我国年均经济增长率为7%。温家宝总理对此曾指出，"7%的发展速度也不算低了""真正实现有质量和效益的7%的增长速度，并非是一件容易的事情"。

运用经济生活知识，根据上述材料解释为什么实现"有质量和效益的7%的增长速度，并非是一件容易的事情"。（12分）

【参考答案】①产业结构不合理，经济发展方式亟待转变；②科研投入不足，影响自主创新能力的提高；③环境压力较大，影响可持续发展；④经济总量的大幅度提高，制约增长速度。

三、扎实训练，丰富结合材料答题的智慧

1. 多重训练，让学生在过程中感悟

（1）一课一练，让学生在课堂训练中把握规律。我们老师在复习中往往存在一个缺憾：课内复习知识的时间多，指导练习的时间少；课内老师讲得多，学生练得少；学生口头练习多，纸质练习少，导致学生课外练习质量不高。教师每堂课精选1个问答题，让学生有比较充分的时间进行纸质练习，师生有比较充分的时间互动探讨。每次选用的题目具有典型性、校本性和仿真性等特点。典型性就是符合举一反三的要求，校本性就是符合当下学生学习的需求，仿真性就是符合浙江政治高考的特点。

（2）一句一练，让学生在日积月累中内化方法。选择一句比较典型的材料，进行1个材料、1个设问、1个答案、1个赋分等编题练习。

比如，用"矛盾同一性"的知识，分析"推进五位一体建设，实现中华民族伟大复兴"的理由。（2分）

【参考答案】①矛盾双方在一定条件下相互转化。②推进五位一体建设是实现中华民族伟大复兴的条件。

（3）对比训练，让学生分清试题的异同。首先，新旧教材高考题比较，关注选用知识的异同。

比如，【2012年重庆卷第39题】15世纪末以来，葡萄牙、西班牙、荷兰通过开拓世界市场先后崛起。18世纪后半期以来，英国将蒸汽机应用于工业生产，并拓展全球市场，成为第一个工业化国家。19世纪60年代起，以电

力技术与信息技术为核心的第三次工业革命逐渐兴起，工业生产开始进入信息化时代；20世纪90年代起，以互联网为核心的信息化建设使美国继续保持世界领先地位。结合材料，运用经济常识，谈谈西方强国的崛起对我国经济建设的启示。（10分）

【参考答案】①实行对外开放，发展对外经济关系，是生产社会化特别是经济全球化的客观要求；我国社会主义市场经济必须面向世界（市场）。②工业是国民经济的主导，实现工业化是我国现代化建设的重要任务；机器大工业为国民经济各部门提供先进的技术装备，我国需要依靠科技进步，采用先进技术，带动整个国民经济发展。③信息化是加快工业化和现代化的必然选择。我国需要以信息化带动工业化，以工业化促进信息化，大力推进信息化与工业化融合，走新型工业化道路，实现国民经济的现代化。

说明：上述高考题是基于《经济常识》的知识，也可以用《经济生活》《经济与社会》的知识，回答上述问题（答案略）。

其次，浙江与其他省比较，关注答案要求的差异。比如，【2013年6月天津文综卷第12题】阅读材料，回答问题。"一锅一饭，当思来之不易；半丝半缕，恒念物力维艰。"然而，近年来我国"舌尖上的浪费"非常严重，每年餐桌上浪费的食物相当于2亿人一年的口粮。2013年初，为响应中央厉行节约、反对浪费的号召，北京市一家民间公益组织发起了吃尽盘中餐的"光盘行动"；人民日报微博随即响应，并得到众多网络媒体的关注和转载，使之急速升温。这一活动唤醒了人们的节俭意识，反映了社会公众对节约光荣、浪费可耻的广泛认同。依据材料，运用《文化生活》的知识说明"光盘行动"引起社会共鸣的原因。（8分）

【参考答案】①大众传媒具有强大的文化传递、沟通、共享功能。②中华传统美德对人们有着深远持久的影响。③社会主义荣辱观具有导向作用。

说明：上述江苏高考题的答案可以补充结合材料的内容，使之与浙江高考题答案相吻合。

最后，相似高考题比较，关注材料、设问与答案的异同。比如，【2013年6月浙江文综卷第40（3）题】用对立统一的观点，说明地方政府对权力自

我设限的做法不仅没有削弱反而提高了政府权威的道理。(6分)

【参考答案】①在中国特色社会主义建设中,经济建设与生态环境保护既对立又统一,两者相互制约、相互依存、相互促进。②经济建设需要消耗能源与资源,排放污染物,对生态环境产生压力,生态环境保护制约能源与资源的开发利用,消耗一定的财力、物力,对经济建设造成影响。③良好的生态环境是生存之本、发展之基,保护好生态环境能够促进经济良性发展,经济建设为生态保护提供强大的资金技术支持。统筹经济建设和生态文明建设,实现人与自然和谐发展。比如,【2013年6月全国文综卷第39(1)题】敦煌莫高窟是中华文化宝库中的艺术瑰宝,也是著名的世界文化遗产。近年来,莫高窟游客逐年增长,2012年全年接待游客量达到80万人次。旅游旺季时,平均每天游客量逾4000人次,最多时约7000人次,而其最佳游客承载量在3000人次以内。大量游客进入洞窟,二氧化碳长时间滞留,窟内空气湿度增大,温度上升,侵蚀壁画和彩塑;加之长期的风化和氧化作用,莫高窟壁画和彩塑正在缓慢褪色。结合材料,用对立统一观点分析如何处理敦煌莫高窟文化遗产的保护和利用的关系。(14分)

【参考答案】①任何事物都包含着矛盾,矛盾双方既对立又统一,在一定条件下相互转化。(3分)②游客增多加大了敦煌莫高窟文化遗产保护的压力,若限制客流会影响旅游的效益,但合理利用和科学保护是能够相互促进的。(4分)③应坚持"两点论"和"重点论"相统一,具体问题具体分析。(3分)从实际出发,探索莫高窟文化遗产保护和利用有机结合的途径和办法,在有效保护的前提下利用,在合理利用中保护。(4分)

同是2013年高考的文综题,浙江与全国1卷有较高的相似度。但也存在较大差异,尤其是在答案上,浙江卷重在从对立统一观点的世界观角度,分析经济建设与环境保护的关系。全国1卷用对立统一观点的世界观角度分析利用与保护的关系,还从方法论角度论述如何处理好利用与保护的关系。

(4)变式训练,让学生明晰关系。【例题】浙江省人民政府实施"五水共治"体现了我省政府的原则是什么?

【变式1】从政府的原则看,浙江省人民政府为什么要实施"五水共治"?

150

【变式2】从政府的原则看,浙江省人民政府应该如何实施"五水共治"?(让学生把握"是什么、为什么、怎么办"三种题型之间的关系)

2.科学引导,让学生在交流中借鉴

(1)批改引导。教师对于要求结合材料回答问题的练习(尤其是测试),应该严格按照结合材料的要求进行批改打分,引导学生强化结合材料的意识。切忌在试题批改中只重视知识要点,而忽视结合材料回答问题的要求,导致学生产生只要写出教材知识,不结合材料回答问题,也无所谓的片面观念。教师也可以引导同桌同学或非同桌同学对照参考答案,对学生的练习进行批改,着重找出结合材料回答问题的不足,引导学生强化结合材料回答问题的观念和要求。

(2)讨论引导。教师对那些不符合结合材料回答问题要求的练习,要督促学生及时订正或补充,绝不能放任自流。对那些结合材料回答问题存在比较普遍的典型性问题,教师要利用课堂时间,发动学生充分讨论,找准问题及解决问题的良策,提升学生修正错误的能力。

(3)展示引导。把那些优秀的答案复印出来,在公示栏内进行张贴或印发给其他同学,供其他同学学习和借鉴,并请其他同学对所发练习答案进行适度修改,使之更加完美。

(4)面谈引导。教师在练习批改之后,对那些问题比较严重的学生,进行面对面交流,指出他们作业的不足之处,并指导他们正确修改,不断完善答案。

3.总结提炼,让学生在归纳中提升

(1)定位。根据综合题设问的知识范围、主体和层次,确定回答问题的基本方位。

①知识范围,主要包括模块、单元、课(综合探究题)、框、目、点题等。其中模块与单元题属于宏观的范围,课题属于中观的范围,框、目、点题,属于微观的范围。某些以大概念的设问,比如"消费"的有关知识,可能涉及几个单元的知识范围。

②主体，在不同知识模块有不同的表述。在经济、文化、哲学等模块，一般有政府、生产者（经营者）、经费者等；在政治等模块，一般有国家、政党、政府、公民、人大、政协、民族、国际组织等；在法律等模块，一般用自然人、法人、权利人、义务人等。主体一般为一个，有时可能为多个。

③层次，一般有一个层次，有的可能有几个层次。比如，一方面，结合材料，说明价值观对人生的导向作用，并谈谈体会。该设问包括作用与体会两个层次。另一方面，结合材料一和所学经济知识，概括我国当前信息消费的特点，并分析发展信息消费的积极作用。该设问包括特点与作用两个层次。

（2）定序。根据材料、知识、主体来确定结合材料回答问题的先后顺序。

①材料顺序。根据材料的层次顺序来确定回答问题的顺序。有的材料的一个层次就是答案的一个要点；有的材料的一个层次可能是答案的多个要点；有的材料需要前后整合，再确定答案的层次。

②知识顺序。根据所选知识在教材的单元、课、框、目题中出现的先后顺序来确定回答问题的先后顺序。比如，运用生产决定消费的知识，分析材料。可以按照生产决定消费的知识在教材中出现的先后顺序分析，即生产决定消费的对象、消费的质量与水平、消费的方式、生产为消费创造动力。

③主体顺序。根据主体在设问中出现的先后顺序来确定回答问题的顺序。比如，运用党和政府的知识分析材料，可以从党和政府两个方面展开分析，并揭示两者的内在关系。

（3）定路。根据材料的分层整合，锁定知识，材料与知识无缝对接，规划好回答问题的路径。

①材料分整。有的材料已经分好层次，可以直接与知识对接。有的材料的分层是清楚的，但需要根据知识进行整合，才能与知识进行对接。对此，教师需要指导学生结合材料具体分析。

②锁定知识。主要是根据设问给定的知识范围，并结合材料的内容进行锁定。一般地说，运用一处知识回答问题的，知识要具体充足；运用多处知识回答问题的，知识表述要简明扼要。

③无缝对接。根据设问与材料的要求，把材料与知识有机对接起来。

可以根据题意，选择"一对一、多对一、一对多、多对多"等多种方式，把材料与知识对接起来，形成答案要点。

　　总之，政治主观题坚持稳中求进。答好政治主观题既要以不变应万变，又要以变应变。学生在循序渐进与层层推进的训练中，答题境界会不断提升，破解难题的能力也会不断增强。

如何把握好课堂教学的节奏

　　著名物理学家爱因斯坦说过,世界上最有力量的是节奏。节奏是世界上万事万物的运动规律。农民种庄稼如果能把握好节奏,适时施肥灌溉,庄稼就能长得好。商人经商如果能把握好节奏,抓住供求关系就能够获取利润。运动员竞赛如果能把握好节奏,就可以战胜对手夺标。教师把握好课堂的节奏,就可以打造高效课堂。

一、课堂教学节奏的基本内涵

　　课堂教学的节奏是指教师运用教材施教和学生以教材为依据学习之间有规律的互动关系及过程呈现情况,主要是课堂教学的密度、速度、难度、重点度、强度和激情度等,在时间上以一定的次序有规律地交替的形式出现。课堂教学的节奏借助于教学语言、教学行为、教学程序、教学情境、视觉形象等环节。一个好的课堂教学节奏既适合教师,更适合学生,有利于促进师生的和谐发展,打造高效课堂。

二、把握课堂教学节奏的意义

　　课堂教学既是科学又是艺术,教师只有把握好课堂教学的节奏,才能更好地打造高效课堂。良好的课堂教学节奏具有多方面的重要作用。

一是有利于教师传达自己的情感、态度与价值观，突出教学的重点与难点，有效组织教学和调控学生注意力，比较顺利实现教学目标。比如，有的教师上课选择的例题与练习的不仅难度过大，而且速度过快，导致许多中等偏下的学生难以跟上教师的节奏，学生上课的注意力就很难集中，教学的重点和难度就很难突出，课堂教学目标也就不可能充分而高效地实现。

二是有利于把学生带入教学的艺术境界，激发学生学习的积极性、主动性和创造性，开发学生的潜能，提高学生学习效率，培养学生的核心素养。比如，教师在课堂教学中，创设艺术化的教学境界，引导学生投入美妙的课堂学习氛围中；创设质疑的教学情境，让学生变机械接受为主动探究；创设交流情境，让学生变个人竞争为交流合作；创设操作情境，让学生变理论思维到动手操作；创设生活的情境，让学生变教材学习到生活学习。由此，激发学生的兴趣，让思政课的核心素养高效落地。

三是有利于建立和谐的师生关系，促进师生共同发展，提高课堂教学实效。尊重教学规律与符合课堂教学实际的课堂教学节奏，有利于师生在课堂教学中合作探究，和谐互动，有机生成，把师生共同带进美好的教学氛围之中；反之，违背课堂教学的节奏，导致师生的教学步调不一致，师生就有可能各行其是，背向而行，相互埋怨，破坏课堂教学秩序，最终不利于实现教学相长。

三、直面课堂教学节奏的问题

1. 过密过大或过小

有的教师认为上课增加例题与练习的难度与数量，教师讲得多，学生就学得多，学生在课外用在本学科上的时间越多，教学质量就越好，就可以让师生在激烈的教学竞争中处于有利地位。其实，过密的课堂教学节奏，导致学生过度紧张，很多中等偏下的学生难以接受，或者处于一知半解的状态，学生之间学习成绩两极分化日趋严重；教师过度讲解，过分劳累，身体在透支;教学进程过于仓促,练习独立思考时间严重不足,课堂生成极少,教学重点难以突出,课堂教学效率总体低下。

如果课堂教学密度过小,学生训练的内容不够充分,课堂教学的目标也就难以充分实现。因此,教师要针对课堂教学的实际,选择适合学生有效需求的课堂教学密度,实现课堂教学效益最大化。

2. 速度过快或过慢

有的教师担心课堂教学时间紧、内容多、任务重,需要加快课堂教学的速度,导致课堂教学前半段的速度太快,教学内容过多,后半段教学内容严重不足,教学速度过慢,出现先太快、后太慢的现象。有的教师课堂开始东拉西扯,迟迟不能进入课堂教学的正题,在课堂所剩教学内容较多、时间又严重不足的情况下,只好匆匆收场,导致先太慢、后太快。也有的教师或者因为教学习惯、或者因为教学理念等影响,课堂教学的速度一直过快或过慢。所有这些,如果师生都适应,课堂效率高,那就无可非议;反之,就需要反思与改进。

3. 难度过难或过易

一些从事高三教学多年的教师,当回到高一时,往往带着高三的教学理念与教学要求,所选的例题过难,所教的知识点过度拓展,出现优等生勉强接受、中等生跟着跑、后进生接受不了的课堂教学局面。有的教学新手,因缺乏教学经验,又缺乏深度研究,常常在课堂教学中对教学的重难点,浅尝辄止,所选例题也过于简单,造成课堂教学深度不足、效率不高。也有的教师长期以来,一直坚持高难度的课堂教学,或者难度忽高忽低,没有真正控制好适合最广大学生有效学习需求的课堂教学难度。

4. 重点过多或过少

课堂教学中的重点包括基础知识重点、学法指导重点、学科核心素养培养的重点等。有的教师在备课时,选定重点过多,特别是选择的基础知识的重点过多，还想在一堂课内突出所有的重点，这种过于"贪婪"的目标要求，在教学中难以实现，久而久之，导致所教学的重点知识都是半生不熟，即使以后通过多次复习，也很难解决重点基础知识教学中夹生的问题。也有的教师在课堂教学中，只确定基础知识教学的重点，而忽视学法指导与学科核心素养培育等要求，所确定的教学重点过少。这不利于促进学生的全面发展。其实，重点是相对于一般而言的，重点过多就等于没有重点；重点过少，既不全面，也不高效。

5. 强度过大或过小

教学强度过大主要表现为课堂教学内容过多且难度较大、课堂设计太满、教学进程过快，甚至课外练习难度也大等；课堂教学强度过小则正好与之相反。教师要根据是否有利于促进最广大学生的全面发展，实现课堂教学活动的最优化来确定课堂教学的强度，这个强度要与学生的"最近发展区"的实际相适应，以丰富多彩的内容去吸引、丰富学生的智慧，促进其发展，而不是仅凭教师的主观愿望来确定课堂教学的强度，导致结果事与愿违。

6. 激情度过强或过弱

教师总是以饱满的激情、亢奋的状态、高亢的语调、过高的要求投入课堂教学，导致教师因长期重负高压日趋严重的倦怠情绪；学生因长时重负苦练产生厌学心态；师生在课堂中的不良情绪相互影响，导致课堂教学处于"亚健康"的状态。如果教学的课堂教学激情度过低，可能会让学生处于过度放松的状态，上课注意力不集中，甚至处在昏昏欲睡的状态之中，学习效率低下。

四、把好课堂教学节奏的基本对策

1. 疏密相间，让学生有张有弛

心理学研究表明，人的大脑兴奋与抑制交替进行。课堂教学活动要尊重人脑活动的规律，选择疏密相间的教学节奏。比如，教师在备课时，通过合理分配时间，妥善安排信息交流内容，合理分配课堂教学的重难点与强度，让课堂节奏疏密相间。要防止对重难点平均使用力量，或重难点过于集中等问题。

2. 动静相生，让学生有听有做

课堂教学是师生的双边活动，实践出真知。因此，在课堂教学中，教师要坚持讲练有机结合，着力精讲精练，严防乱讲乱练，坚持讲中有练，练中有讲，"动"得有序，"静"得有理，克服"一讲到底"或"一练到底"等片面做法。

3. 快慢适度，让学生有学有思

在课堂教学中，教师要根据教学内容具体而定教学进程的快与慢。一般来说，对那些熟悉的或比较粗浅的教学内容，可以加快速度；对那些生疏的内容，要适当放缓教学速度。教师对有一定难度的问题，要耐心地等一等，营造良好的课堂氛围，给学生充分的思考的时间、探索的空间和反思的过程，熟练把握课堂教学"慢"的艺术，让学习的种子慢慢地发芽，花儿悄悄地绽放。

4. 起伏有致，让课堂有曲有直

事物的发展总是波浪式前进或螺旋式上升的。教师在教学设计和具体操作中，要精心安排教学的开始、发展、高潮和结局，使教学过程跌宕起伏、形成和谐节奏，防止平铺直叙。让课堂教学时而爆发自然而然的笑声、掌声与惊讶声,学生有学习的高峰体验,学习激情四溢,创新火花不断闪现。

5.相互激励,让课堂有情有趣

常言道,怀着爱心吃菜,胜过怀着恨吃肉。教师引导学生明确学习价值,激发学生内驱力,增强学习的自觉性,学习有成功的体验。教师还可以通过精选学习内容、教学手段、教师表情、语言与行为,对学生学习行为的赞赏等方式,激励学生以更加饱满的激情投入课堂学习。比如,教师的课堂表情可以是严肃、诙谐、兴奋、赞赏、讨论等有机交替呈现,而不是一种表情贯穿课堂始终。

总之,节奏感良好的课堂是美妙的、和谐的、高效的。让我们把握教学规律,创新学法与教法,以优美的课堂教学节奏,共同奏响课堂教学和谐动听的交响曲。

坚持五位一体，打造高效课堂

打造高效课堂是中小学教师的永恒追求。课堂教学是一个系统工程，需要坚持系统思维，从课堂教学的整体着眼，正确处理好影响课堂教学的教育、管理、研究、合作、创新等各个要素之间的关系，使各个要素之间优化组合，形成一个有序的、合理的结构，精准发力，为打造高效课堂服务。

一、教学即教育，坚持教书与育人的统一

教师的根本任务是教书育人。教书是手段，育人是目的。教书与育人是统一的，不可分割的，因为在教学内容中，常常蕴含着教育的因素与契机。但是，在应试教育的大背景下，许多教师常常是重教书、轻育人，导致学生畸形发展，课堂教学效率往往也不高。

倘若教师把教书与育人分割开来，错误地以为既教书又育人那是班主任的工作，普通教师的责任只是教好书。这些教师不仅在课堂教学中轻育人的错误道路上越走越远，而且把课堂教学产生的诸如学生上课不认真听、作业不按时交、迟到早退、无故缺课、不认同教师与教材的观点等问题的责任，都推给班主任。长此以往，恶性循环，教师育人的意识与行为越来越弱化，教师在学生心目中的威信也越来越低，师生关系越来越紧张，学生不愿或不认真学习相关教师所教的课程，有关学科的学习成绩不断下滑。

学生唯有亲其师，才能信其道，乐其教。教师坚持教书育人的统一，尤

其是有机渗透学科德育，会对学生潜移默化，从而产生深远持久的正向影响。教师要在教导学生学会学习的同时，教育学生学会生活、学会合作、学会竞争、学会审美、学会健体，促进学生的全面发展，更能激发学生学习的积极性、主动性和创造性，促进学习成绩的提升。比如，后进生的学习成绩不佳，绝大多数不是智商问题，更多的是情商、逆商等问题，更需要教师选择科学的教育方法，提升他们情商与逆商的指数，转变他们的学习态度，优化他们的学习习惯，学会合作与交流，在挫折中总结经验与教训，引导他们逐渐从小进步走向大进步。如果教师仅仅从智商角度转化后进生，往往难度大，收效低。

二、教学即管理，坚持教书与管理的统一

有的教师上课不错，但是学生考试成绩不够理想；有的老师上课一般，而学生考试成绩却很出色。有的教师布置的练习，学生100%完成，而且完成的质量较高；有的老师布置同样的练习，学生仅有部分完成，而且完成的质量不理想。教学成绩的差异往往是落实的差异，落实的差异主要是管理的差异。因此，教师要提高学生的学习成绩，需要把认真教书与科学管理结合起来。

教师对学生的管理，主要包括课内的管理与课外的管理。课内的管理主要包括五个方面。一是课堂纪律的管理。教师要严防学生上课迟到、早退或无故缺课；要严防学生上课做小动作、说闲话、随意走动、吃东西、伏案睡觉、看课外书、做其他学科的作业等影响上课的事情。二是课堂讨论的管理。教师组织学生课堂讨论不能放任自流，应该明确讨论的时长、具体内容、组织管理、课堂评价等，教师要全程掌控学生的讨论过程。三是课堂时间的管理。教师要提前候课，做好上课的一切准备；要安排并及时调控好上课各个环节的时间；要坚决防止拖堂现象。四是课堂笔记的管理。指导学生做好课堂笔记，并及时做好检查与评比，引导学生提高课堂笔记的质量。五是课堂作业的管理。教师要精选精编好课堂练习，指导学生要像高

考一样完成课堂作业；要及时精批和精讲课堂作业。

教师对学生课外的管理主要是督导学生自觉高质量完成课外练习，阅读与本学科相关的资料，参与本学科相关的社会实践活动。其中尤为重要的是课堂作业的管理。布置课外练习要坚持少而精的原则，检查课外作业要采取督而导的方式，坚持情与理的统一，做好学生的思想教育工作，培育学生自主、自律、自强的意识与能力。

三、教学即研究，坚持教书与研究的统一

教学是科学，需要求真；教学是艺术，需要创新；教学是事业，需要奉献。所有这些都需要深入研究。中小学教师的研究主要是课题研究、教育行动研究、案例研究等。教师可以把教学中的问题，先提炼成课题，通过课题研究提炼成鲜活的教学经验，指导新的教学实践，再在新的教学实践中发现和研究新的问题，提炼出更新的教学经验，指导更新的教学实践，如此循环往复，推动教学实践的持续发展。

教师的研究主要是研究教学过程中的各个环节，包括备课、上课、批改、辅导、测试等方面。备课除了继续研究好传统的备教材、备学生、备教法等之外，还要加大研究备资源、备学法、备练习等问题，力争把备课做得更充分、更高效。上课从过去的研究教师如何"教得精彩"，走向更深度地研究学生如何"学得精彩"；从过去研究如何教学的三维目标，走向研究如何培育学生的核心素养；从过去研究如何精讲精练，走向研究如何实施议题式教学。批改从过去研究单一的定量评价，走向把定量评价与定性评价结合起来；从重视教师评价，走向教师评价与学生的自我评价结合起来。要继续研究如何提高集体辅导与个别辅导的效率，如何把师生之间的辅导与生生之间的互动结合起来，把课内辅导与课外辅导结合起来。要研究如何把编题、做题、讲题等有机结合起来，防止盲目乱练的题海战术，提高练习的效能。

教师除了深化对备课、上课、批改、辅导、测试等各个环节的问题的研

究之外，还要进一步研究教学各环节之间的相互联系，把课内与课外结合起来，把师本与生本结合起来，把部分与整体结合起来，调动一切积极因素，克服一切消极影响，从总体上优化教学过程，最大限度地提高教学质量。

四、教学即合作，坚持教书与合作的统一

一位高三班主任加强本班任课教师的紧密合作，取得惊人的成效。她在第一次全班的家长会上，请班长大力宣传本班任课教师的优势，让各位家长感觉全班教师是一个优秀团队，从而悦纳本班全体任课教师。她建立和完善班级每天学生作业总量控制制度，要求班级学习委员及时全面地统计各学科每天的作业量，及时与各位老师沟通协调，坚持控制学生每天各学科练习的总量；她建立和完善班级特殊学生导师制，让2—3名特殊学生与任课教师自由结对，经常利用中午聚餐时间，对特殊学生进行问题会诊，共商破解特殊学生疑难问题的对策。她发现某学科的教学问题，会调动一切资源，帮助教师及时而有效地解决问题。由于她与本班教师的同心协力，本班当年高考完成了学校预定的一本目标的238%，全体教师共享教育成功的喜悦。

如果班级的各位任课教师之间孤芳自赏、孤军奋战，导致各自陷入孤立无援的困境。比如，有的教师为了提升本学科的成绩，往往大搞题海战术，侵害了其他学科的权益，影响了学生综合素质的提升。同事说他"教死"，学生说他"烦死"，家长说他"要死"，他自己"累死"，其结果是本班任课教师"共死"。各自努力，共同失败，大家都死在一条船上。反之，有的教师过于"佛系"，教学活动随意任性，课堂练习很少，课外基本不布置作业，导致学生学科成绩持续下降，严重影响本班学生的总体成绩，还美其名曰减轻学生负担。同事说他"闲死"，学生说他"空死"，家长说他"寻死"，他自己"懒死"，其结果是本班任课教师被家长与学生"骂死"。一人偷懒，备受谴责。这是大家都不想看到的局面。

教育事业是集体的事业，教学质量是合力作用的结果。因此，教师不仅

要"扫好自己的门前雪",还要关注"他人的瓦上霜",不断增强合作的意识,优化各方面的合作,在共建中共享,在共享中共建,在共建共享中实现共赢。

五、教学即艺术,坚持教书与创新的统一

教学是一种艺术,艺术的生命在于创新。在应试教育的大背景下,在我国大一统的教育体制中,教师的创新可谓是举步维艰。但是,教师可以从实际出发,在教学资源、观念、方法、手段、管理、研究、合作等方面进行创新。

比如,教师在教学资源的整合和教学方法的选择上可以适度创新。从过去的教教材走向用教材教。教师在全国统编教材的指导下,创造性地开发校本课程资源,并大胆、及时、有机地吸收本学科的前沿知识,整合与丰富课堂教学的资源,选择适合学生的教学方法,让课堂教学紧跟时代的步伐,凸显校本的特色,促进学生个性化的全面发展。

教师的教学固然不能墨守成规,然而创新也不能过于刻意乃至严重脱离实际。领先一步是先进,领先两步是先驱,领先三步是先烈。教师要把教学创新的力度,发展的速度与最广大学生可承受的程度结合起来,让创新之花在教坛绚丽绽放,结出更加甜美的硕果!

如何正确处理思政课教学中"理"与"例"的关系

在思政课教学中,正确认识和处理好"理"与"例"的关系,不仅是坚持理论联系实际和用实例证明理论的必然要求,更是让思政课学科核心素养真正落地、提高课堂教学效能的应有之义。

一、思政课教学"理"与"例"的辩证关系

讲理与讲例两者紧密联系,相得益彰。讲理是课程实施的主要方向和基本要求;讲例是帮助学生理解所学理论,用所学理论解决实际问题的必经途径和教学手段,也是教师为学生示范理例结合、学会分析社会和自身成长面临的问题的基本载体。在一定意义上讲,讲例是为了讲理,目的在于提升学生的理论思维水平,这是课程的基本内容和目标;讲理是为了帮助学生学会以理析例,提高观察问题、认识问题和分析问题的能力,这是课程设计的基本要求。从现实教学看,例为理之凭,理为例之籍,例为理之用,理为例之魂。因此,两者在课堂教学中如何精准定位,如何有机结合,不仅决定着教学目标的达成程度,也决定着思政课课堂教学效益的高低。

二、在思政课教学中，"理"与"例"结合中存在的主要问题

1. 理例分离

有的教师在思政课的课堂教学中，喜欢用实例来创设课堂教学的情境，但进入课堂的知识教学之后，就完全脱离了所用实例，犹如卫星脱离火箭一般，继续重复过去从理论到理论的讲授方法。这种理与例的严重分离，未能做到"物尽其用"，是教学资源的巨大浪费。

2. 理例不符

比如，某教师在"时代的主题"的教学中，引用世贸大楼被炸毁的例子。该教师认为，美国是霸权主义和强权政治的典型代表，炸毁世贸大楼，可以让美国集中精力维护本国国土安全，减少对外侵略行为，有利于维护世界和平。这显然例与理严重不符，恐怖主义活动对世界和平造成威胁，而不是为世界和平做贡献。

3. 理例失衡

这主要是指两种比较极端的课堂用例现象。一是过度用例。一堂课中，教师引用了很多实例，但对绝大多数实例的分析都是浅尝辄止，缺乏精准而深刻的分析，导致课堂教学活动似乎内容丰富，容量很大，实际是走马观花，实效低下。二是过分重理。整堂课都是从理论到理论，几乎没有引用实例，课堂教学枯燥无味，导致学生学习的厌倦和苦恼。

4. 旧例新理

教师经常使用过时的实例验证新的道理，用例缺乏时代的气息，讲一些地球人都知道的常理，学生没有新鲜感，难以集中学生学习的注意力。这并不是说旧例不可用，而是不要过多使用旧例，如果教学确实需要使用旧例，也要从旧例中讲出新意，让学生有新的收获。

5.负例损理

一些教师非常喜欢用负面的例子,甚至误认为运用负面的实例,可以更好地集中学生学习的注意力。诸如,选用党和政府存在的腐败问题、我国民主制度的弊端、社会上的不正之风等实例。这容易引发学生负面情绪的积累,影响学生对理的认同。即使使用了负面的实例,也要从正面加以引导,让学生正确认识社会的阴暗面。

6.重外轻内

有的思政课教师往往认为教材之例过于陈旧,用之难以激发学生的学习兴趣,导致其在行动中基本不用教材的事例,一律选用教材以外的例子。教材的实例虽然有些相对滞后,但大都是经典的,尤其是《生活中的法律常识》的案例,更加值得使用,因为这些经典的实例把贴近教材与贴近现实生活统一了起来。

三、正确处理好讲理与用例关系的基本策略

面对当前思政课教学中,讲理与用例结合存在的主要问题,笔者提出如下对策,以请教于同仁。

1.大例与小例结合,让讲理更接天地

思政课教学若要坚持贴近时代、贴近教材、贴近学生的要求,就必须把选择新时代国家与世界发展时政热点的大例与学生生活的小例结合,让课堂讲理上接天际,下接地气。比如,在"主次矛盾"的教学中,既选用我国社会当前的主次矛盾及解决方法,又联系学生搞好学习的主次矛盾及应对策略,引导学生运用主次矛盾分析问题,既关注国家大政,又关注自己的学习生活,引领自己茁壮成长。

2. 单例与多例结合，让讲理更添趣味

单调之例，往往趣味有限；多例相联，尽可趣味丛生。在思政课教学中，教师常常采用一例到底的方法来设计课堂教学，虽然这有利于在课堂教学中用足用好所选事例，深度探究有关议题，但也存在课堂教学用例单一、趣味性相对不足等问题，需要在坚持一例贯通的情况下，适当增加一些实例。比如，在"党的先进性"的教学中，选用武汉战疫的典型材料，包括党中央的部署、各级党组织和政府的统一行动、广大党员群众的艰苦奋斗等整体材料，来论述党的性质、宗旨、奋斗目标等先进性，还可以增加广大共产党员（尤其是身边的），如钟南山、张定宇、李兰娟、张文宏等在武汉战疫的感人事迹，来增强思政课课堂教学用例的趣味性与生动性。但多例不是多多益善，而是要从教学实际出发，在以一例贯通的前提下，适度增加有趣的短例。

3. 正面与反面结合，让讲理更有信度

事物大多是复杂的、多面的、变化的。为此，思政课教学要坚持理论联系实际的根本原则，就必须用联系的、发展的、全面的观点来观察实际，分析实际与回答实际的问题。在思政课教学中，如果一味选用正面的实例，让学生觉得不够全面；假如全部运用负面的实例，让学生觉得现实问题太多，影响学生对讲理的认同感。为此，思政课教师选例要坚持以正例为主，适当用一些反例，提升课堂教学的信度和效度。比如，在"政府的基本职能"的教学中，既要选择政府履行职能、为人民服务的实例，也要适当选择政府的履行职能中存在问题的实例，这就需要深化改革，进一步转变我国政府的职能，提高政府履职的效能。这样，让学生更加全面地认识我国政府履职的实际情况，可以提高教学的信度。

4. 外例与内例结合，让讲理更加贴切

教材内外的实例各有利弊，需要扬长避短，有机结合。思政课教材所

举之例，虽然时效性相对不足，但是总体是比较经典的，理与例有机结合，师生可以大胆、放心地选用。在新时代丰富多彩的现实生活中，存在大量的鲜活实例。但是，这些生活中的实例往往存在鱼龙混杂与良莠不齐等问题，尤其是那些敏感性较强的政治性实例，有时思政课教师也难以把握，更难精准选用。这就需要思政课教师具有高度的政治敏感性和洞察力，潜心研究，正确甄别，科学选用，防止照搬照抄，引发不良后果。所以，思政课教师要从教学的实际出发，把教材内与教材外的实例有机结合起来，让所选之例更加贴近教材。

5. 师例与生例结合，让讲理更显生本

课堂教学是师生的双边活动，需要调动教师和学生两方面的积极性和创造性。为此，思政课教师要从过去教师包揽选例，走向师生共同选例。尤其是让学生举例说明有关思政课学科的道理，可以展示和分享学生学习的成果，也可以进一步暴露学生在学习中存在的问题。教师可以更加有的放矢地开展教学活动。比如，让学生举例说明社会上践行社会主义核心价值观的实例，有学生举例，清华大学颜宁教授赴美国普林斯顿大学担任终身讲师是一种不爱国的行为。笔者当即组织学生讨论爱国与在国的关系，只要一国公民有一颗爱国之心，无论他（她）身处何地，都可以为国家贡献力量。而一个缺乏爱国精神的在国公民，也可能做出不爱国的举动。因此，一个公民爱不爱国重在听其言，观其行，而不在于他（她）身处何方。

总之，广大思政课教师只有牢记习近平总书记关于讲好思政课理论课的具体要求，坚持不懈深度研究教材的知识点，捕捉生活实例的对接点，才能真正找准、找全、找深理与例关系的结合点，把理与例无缝对接起来，从例引理或以例说理，让理的光辉照亮例的实体，用例的实体印证理的光辉，由此充分展示思政课课堂教学的独特魅力。

浅谈思政课议题式教学的适应性策略

议题式教学是当前中学思政课课堂教学研究的热门话题。由于思政课议题式教学的复杂性、新教材教学的艰巨性、教师教学实力的差异性等因素，导致绝大多数议题式教学脱离教学规律和师生的实际，教学实效不尽如人意。为此，笔者就思政课议题式教学的适应性展开论述，望同行指正。

一、从主体看适应性差异

纵观中学思政课议题式教学的熟练程度，把议题式教学的实施主体即教师大致分为三类：模仿型、经验型与熟练型。

1. 模仿型教师

该类教师通过认真学习中学议题式教学的内涵、特点、原则、策略等基本知识，特别是观摩了一些名师开展议题式教学的课堂，开始模仿议题式教学活动。比如H老师，自参加"中政参"在海南等地举办的中学议题式教学卓越课堂观摩活动之后，深受启发，跃跃欲试。回校后，H老师根据本班学生的实际，模仿有关名师的议题式教学设计，开展议题式课堂教学活动。由于学生探究问题的意识与能力不足，教师点拨与调控的能力有限，导致整个议题式教学的推进不太顺利，教学任务难以完成，也进一步引发了该教师对议题式教学的深思。

2. 经验型教师

该类教师在经过对中学思政课议题式教学的模仿与尝试之后，能够不断发现问题、分析问题和解决问题，不断总结经验与教训，能够基本适应议题式教学活动。比如A老师，在思政课议题式教学的模仿之后，采用录像分析、同课异构、专家指导等方式，坚持问题导向，注重攻坚克难，改进细节，完善操作过程，课堂教学逐渐进入状态，A老师还主动承担校级与本市级的思政课议题式公开课，虚心听取同行与教学专家的各种建议和意见，让议题设计更科学、更精练，课堂操作更自如、更高效，受到同行与专家的好评。

3. 熟练型教师

该类教师能够深度理解思政课议题式教学的常识，比较准确地把握议题式教学的规律和科学的方法，熟练进行思政课议题式教学的设计，能够娴熟而高效地开展思政课议题式教学活动。比如B老师，在思政课议题式教学的反复实践中，申报并开展了《基于学科核心素养的中学思政课议题式教学行动研究》省级立项课题的研究，从研究价值、目前问题、议题特点、基本原则、操作要领、合作路径等方面教学深入研究，撰写的研究论文在地级获奖并在省级出版社公开发表。B老师还多次在地级市承担中学思政课议题式教学观摩课，指导同行开展思政课议题式教学活动，受到同行与专家赞誉。

由此可见，中学思政课议题式教学的教师是一个从不适应，到基本适应，再到适应的过程。思政课教师既不能急功近利，也不要无所作为，更不要悲观失望，要知难而进，不断提升议题式教学的境界。

二、从知识看适应性变化

现代教育心理学根据知识的性质，将知识分为事实性知识、方法性知识与价值性知识等。各种类型的知识教学对思政课议题式教学的适应性往往是不同的，不是所有的思政课知识都适用于议题式教学。需要思政课教师仔细甄别，灵活运用。防止千篇一律，弄巧成拙。

事实性知识主要是用主题词来表述的知识，包括一些事实、现象和过程，以及对上述各种事实进行表述的一些专业术语。比如，经济中社会再生产的生产、分配、交换的现象，政治中的公民、政府、民族、联合国，文化中的文化产业、文化事业、文化交流、文化创新等。这里的事实性知识，主要通过讲授式或自学式等方法，用记忆的教学方法来掌握，一般不倡导议题式教学。

方法性知识包括惯例、趋势和操作程序，以及一些类别、准则和方法的知识。比如，经济中财政预算与决算的操作程序、个人所得税的计算方法，政治中中国共产党依法执政方式的法定程序、联合国安理会的表决程序与准则，文化中的文化分类、文化创新的方法，哲学中的矛盾分析法，等等。这些方法性知识，需要让学生在"做"中学，一些方法性的知识可以用议题式教学方式来掌握。例如，在模拟政协的实践中，可以设计我国政协委员应该如何依法高质量履职等议题，开展议题式教学活动。

价值性知识是关于功能和意义方面的知识，涉及人的思想、情感、态度与价值观念等方面内容。它能帮助人类解决现实问题，影响人的思维方法，教育人们具有丰富的情感、科学的态度、正确的价值观。比如，经济中市场调节与宏观调控的意义、建设现代化经济体系的意义，政治中坚持人民民主专政的意义、全面依法治国的意义，文化中文化创新的意义、文化交流的意义，哲学中按规律办事的意义、具体问题具体分析的意义，等等。这些价值性知识需要让学生在"悟"中学。比如，我国构建以国内经济循环为主，国际国内双循环的经济发展新格局有什么意义？需要指出的是，在价值性知识中，那些意识形态很强的知识，诸如中国共产党的政治领导、组织领导与思想领导哪个更重要等问题，一般不适合用议题式教学方式。

三、从课型看适应性操作

课型可分为新课、复习课与讲评课,不同的课应该有不同的操作。

根据上课的教学目标与设计程序不同,把教师的上课分为新课、讲评课与复习课。各种课型对议题式教学的适应度也不尽相同,教师也要根据课型的不同,科学选择议题式教学的方式方法。

在新课的议题式教学中,往往存在三大问题。一是对不同性质的知识盲目选择议题式教学方式,往往造成一些不良影响。二是在学生没有掌握教材学科知识的情况下,就开展议题式教学活动,常常只见探究活动,未见学科知识。三是在公开教学中尝试议题式教学,而在日常教学中远离议题式教学。把思政课议题式教学当作一种摆设,而不是自觉的追求。所有这些都不利于思政课议题式教学深入持久地开展。诚然,在思政课日常的新课教学中,每堂课都开展议题式教学,这是不现实的。思政课教师要坚持从新课知识教学等实际出发,精心选择一些新课开展议题式教学方式,把更多的新课教学渗透一些议题式教学的要素与倾力打造一些议题式的精品课堂有机结合起来,真正把思政课议题式教学方式抓在手中,落在行动中,贯穿教学活动的始终。

在思政知识的复习课中,尤其是在思政课的"二考"专题复习中,有目的、有计划地选用议题式教学方式,可以激发学生的复习兴趣,提高学生理论联系实际、分析问题和解决问题的能力,提升学生的核心素养,打造高效的复习课堂。比如,在"市场经济"的专题复习中,以我国高铁建设为总话题,整合选择材料,设计三个议题:一是我国高铁建设为什么能够如此高速?二是为什么我国高铁运营总体亏损,还要不断加快建设?三是为什么美国难圆高铁梦?通过对这些议题的探讨,特别是在中美两国高铁建设中的巨大差异,让学生深入了解在中国共产党的坚强领导下,坚持与完善中国特色社会主义制度,坚持公有制的主体地位和共同富裕的根本目标,具有集中力量办大事的优势,进一步增强学生对中国特色社会主义制度的政治认同。

在试卷讲评课中,由于教学时间的有限性与试卷讲评任务的艰巨性,教师比较难采用议题式教学的方式。但是，教师可以根据试卷讲评的实际情况，结合当时社会的时政热点知识，灵活穿插一些议题式教学的内容，争取让议题式教学常态化渗透。比如，在一次测试中，有一道经济综合题，选择我国构建经济发展新格局的材料，从社会再生产的角度，分析我国构建以国内循环为主的经济发展新格局的理由。笔者在试题讲评中，结合试题的材料，设计一些变式的议题：结合材料，从市场经济的角度，分析我国如何构建以国内循环为主的经济发展新格局？结合材料，运用"消费"的有关知识，分析我国构建以国内循环为主的经济发展新格局的经济学依据。

综上所述，中学思政课议题式教学方式，并非所有教师，在所有知识与所有课型的教学中，都能完全适应。这就需要广大思政课教师，在注重日常渗透点的同时，力争找准适应点，集中火力点，打造新亮点，形成新特点。

思政课议题式教学合作路径研究

　　思政课议题式是提升学生学科核心素养的重要抓手，也是当下教学研究的热点与难点。思政课议题式教学过程是一个有机的系统，需要联合各方面力量，集中教育专家与一线教师的各种智慧，才能有力推进议题式教学实践，实现议题式教学的最优化目标。

　　然而，我们课题组对本市49名高中思政课教师，就议题式教学进行问卷调查，结果发现，只有19位教师听说过议题式教学，15位教师知道一点议题式教学，2位教师尝试过议题式教学，还有13位教师对议题式教学一无所知。教师对议题式教学缺乏应有的了解和实践，偶有尝试者，却因缺乏正确理论指导和实践经验而导致效率低下。这迫切需要开展议题式教学的合作研究，推广具有操作意义的研究成果，引领更多的思政课教师积极主动而有效地开展议题式教学实践。

一、破解当下困惑，需要合作研究

1. 教学过程的浅表性，导致课堂教学低效

　　综观高中思政课的议题式教学活动的实际，许多教师没有对议题式教学进行深度的研究，有的甚至对思政课议题式教学的基本常识也不够了解，有的对此可能一知半解，还自认为把握了议题式教学的真谛，由此导致

许多思政课教师把议题式教学简单理解为以往问题教学法的变种，没有真正弄清议题式教学与问题教学的联系与区别，没有真正把握议题式教学的特点与规律。不少教师虽然对开展议题式教学活动热情比较高涨，精神可嘉，但常常在盲目中实施思政课议题式教学活动，草草收场，这种走马观花式的议题式教学"表演"活动，曲解了思政课议题式教学的本义，导致思政课课堂教学效能低下。

2. 教学行动的突击性，导致发展难以持续

议题式教学对于广大的思政课教师而言，是一个崭新而长期的研究课题，不可能一蹴而就，需要扎扎实实深入研究，才能实现议题式教学的持续发展。然而，不少教师为了应付公开教学的紧急需求，常常是"赶鸭子上架"，对议题式教学活动进行突击"表演"活动，有时也会得到许多现场观摩同行的点赞。然而，十分遗憾的是这些教师难以使议题式教学的创新火花渐变为熊熊烈火，不断燃烧，实际情形是在日常的教学中又故态复萌——沿袭传统的以讲授为主的教学方法，没有自觉有效地开展思政课议题式教学常态化研究，导致议题式教学难以实现持续发展。

3. 教学实力的差异性，导致实践很不均衡

振兴民族的希望在教育，振兴教育的希望在教师。广大思政课教师是成功开展议题式教学活动的希望。由于教师议题式教学研究和操作的个体差异，导致整个思政课教师队伍在议题式教学实效的差异，使议题式教学的开展很不均衡，迫切需要教育行政部门与各个学校最广大的重视与参与，特别需要一线教学专家与先行同行们的传帮带，让思政课议题式教学的改革行动从点到面，由浅入深，由此及彼，处处落地生根，开花结果。防止议题式教学停留在理论层面的研究，局限于少数学校少数骨干教师或出现在一些公开教学的展示活动之中。因此，要让议题式教学成为广大思政课教师教学研究的常态，成为加快教师成长的抓手。

二、拓展合作路径，提升教学效能

议题式教学是一种新的教学方式，需要广大思政课教师认真学习有关教学理论，把握议题式教学的规律和基本特征，深入开展议题式教学的实践研究，不断攻克教学的难题，积累丰富的教学经验，让课堂教学迈上新台阶。

1. 专家合作引领化

思政课一线教师往往比较缺乏教育理论的研究和指导，这既需要高校、研究机构等专家的理论引领，又需要一线教学行家的经验指导。只有把教育科学的理论与复杂多变的教学实践紧密结合起来，才能在新的教学实践中明确方向、探究路径、优化过程、积累经验、力求高效。为此，我们课题组的全体成员，积极参与各级各类的培训和研究活动，坚持"走出去"与"引进来"相结合，先后组织教师赴华东师大、北京师大、浙江大学、陕西师大等高校进行培训活动，聆听钟启泉、朱明光、李晓东、王葎、黄建炜等教育专家的专题报告，又邀请方培君、孟祥平、梁侠、董晨、祝国强、边永坚、陆志龙、董凌达等一线教学和研究专家来校做专题讲座。老师们在听完报告之后，适时进行专题研讨，分享学习心得，相互共同启发。

在培训学习之后，及时组织同课异构活动，力求准确运用所学理论，指导议题式课堂教学活动。我们课题组依据李晓东老师关于"教学改革应该是更上一层楼，而不是平地另外起高楼"的观点，来审视自己以往教学与议题式教学之间的关系，运用辩证否定的观点，继承以往教学中重视热点时政材料进课堂，坚持预设与生成相统一，引导学生自主合作探究学习，适时调整课堂教学进程，适当运用多媒体辅助教学手段等合理因素。改变教师一讲到底，"讲条条、画条条、背条条"，让学生被动接受的陈腐习惯；克服过度使用多媒体教学手段，重视预设，忽视生成，注重理论，轻视运用等弊端。适当增加议题式教学情境创设、议题探讨、有机生成、培养学生学科核心素养等基本要素。避免全部否定以往的教学经验和照搬过去的教学行为的两个极端，把以往教学的优势和议题式教学的要求紧密结合起来，推进议题式教学的深入开展。

2. 师生合作常态化

教学是师生的双边活动,只有充分调动教师和学生两方面的积极性和创造性,才能促进教学相长,打造高效课堂。实施议题式教学课堂新、要求高、难度大,要求师生知难而进,合作探究,循序渐进,把议题式教学活动常态化,并体现在课堂教学的方方面面,贯穿课堂教学的始终。实施议题式教学既要防止"作秀"、非公开教学"沉默"等或热或冷的现象,又要防止蜻蜓点水、走马观花等"浅表式"做法。由于受教学主客观条件的影响,思政课日常的议题式教学活动,不可能每节课都像公开教学那样备课、上课与反思。在日常的议题式教学中可以坚持整体与部分相结合,既有整堂课的全面设计,又有部分穿插或渗透,坚持点面结合,有序推进,逐步创新。比如,我们课题组要求每位教师坚持每月开展一节完整的议题式教学活动,每节课侧重某个要素的尝试;每个学期开展--至两次"同课异构"的教学研究活动,每次活动紧紧围绕议题式教学的重点和难点,开展议题式教学目标与议题设计、情境创设、引领学生分组合作探究、总结归纳与观点分享等专题研究,分享经验与教训,相互取长补短,加快改进教学行为。

我们课题组的Y老师指导学生开展"议题式"日常时政演讲活动,选择一个当下的时政热点材料,选用一个或几个思政课教材的观点进行评说,再请由学生推荐产生的"学生专家组"成员进行评价,其他同学也可自主发表意见。比如,学生F在我国《香港国安法》公布之后,面对国际上极少数国家政客对我国颁布《香港国安法》说三道四等情况,从国家结构形式和依法治国等角度,开展议题式演讲,精准分析中国颁布《香港国安法》的合法性与合理性,引起广大同学的共鸣。由此培养学生直面现实、设计议题和探究议题的能力与学科核心素养。

3. 同事合作课题化

华师大钟启泉教授认为,当下中国中小学教师往往存在三个问题:不

178

看书、不研究、不合作。究其原因主要是我国中小学教师的教学事务过于繁重、压力过重。如果任凭这些问题不断蔓延和恶化，势必严重影响我国教育事业的可持续健康发展。解决上述问题的秘钥之一就是课题合作研究。为此，我们课题组坚持申报省市立项课题，吸引同事参与课题合作研究，助推同事把研究、看书、合作紧密结合起来，加快专业发展。我们课题组申报的本立项课题，分为七个子课题：议题式教学的价值研究；议题式教学的情境创设研究；议题式教学的原则研究；议题式教学的策略研究；议题式教学的议题设计研究；议题式教学的课堂评价研究；议题式教学的校际合作研究。每个子课题由一个骨干教师领衔，若干教师参与。

我们课题组对参与研究的教师发放学习参考用书、征订教学专业杂志、赠送相关学习资料；组织研究成员赴上海、湖北、重庆、安徽、海南等地参加观摩学习活动；开展议题式教学的"同课异构""异课同构""异课异构"等专题研讨活动，并邀请有关专家学者到场指导；把各位参与研究的教师的学习与研究成果，编辑成册由省级出版社公开出版，并向全国核心期刊推进研究佳作，力争公开发表。这就为这些教师的学校考核、职称评审、职务晋升、评先评优等，提供了重要的科研参数，由此提升了研究者对教育科研、自主学习、自觉合作的认识，改变了研究者对学习、研究与合作的态度，提高了研究者的工作实力和效率，缓解了研究者工作与生活的压力，不断增强课题组教师对周围同事的影响力和带动力，同时把我们课题组的课题合作研究推上了一个新的高度，可期结出新的研究硕果。

4. 校际合作共赢化

浙江省著名特级教师王国芳教授认为，教师的影响力可以分为三重境界：一是影响学生，促进学生德、智、体、美、劳全面发展，为学生的终身发展奠基和导向；二是影响同事，推动同事专业和事业共同发展，为本校教育事业的可持续发展立杆和助力；三是影响同行，促进同行专业和事业协调发展，辐射与引领为本国教育事业的可持续发展。

我们课题组为了学习和吸收兄弟学校在实施议题式教学方面的先进经

验和科学做法，同时进一步扩大我们课题组的影响力，始终坚持深化实践改革，扩大对外开放，优化校级合作，推动合作共赢。为此，我们课题组主要开展了三个方面的校际合同学习与研究。一是组建了"思政课校际学习研究共同体"，由杭州学军中学、金华外国语学校、德清高级中学、建德严州中学等四个成员单位组成。该"共同体"秉持"聚焦课堂、提升素养、和谐互动、合作共赢"的理念，通过平等协商一致制订议题式活动计划，开展议题式教学专题研究活动，通过"同课异构"的说课、观课与评课，专题讲座交流、资源分享、合作研究等活动，推动"共同体"议题式教学"各美其美、美美与共"。二是建立了"思政课校际培训共同体"。定期或不定期组织教师参与华东师大、北京师大、浙江大学、陕西师大、浙江师大等培训活动，让教师与高校专家真诚地面对面探讨，把教育专家在议题式教学研究的前沿理论和一线教师议题式教学研究的鲜活经验联系起来，使两者优势互补，相得益彰。三是建立了"思政课初高中一体化互动共同体"。主要是与本市新世纪实验学校、乾潭初级中学、新安江三中等三所初中，建立课题共研机制、相互听课机制、校本课程联合开发机制、教育教学资源共享机制等，尤其是在实施议题式教学的实践研究中，增进初高中之间的相互了解，注重初高中的有机衔接，分享各自教学实践研究的经验，打造初高中议题式教学共同体，为共同提升学生学科的核心素养共同精准发力。

三、深化合作研究，实现共建共享

浙江省著名特级教师王国芳教授认为，教学有"三重境界"：第一重境界是促进学生的成长，第二重境界是影响同事的进步，第三重境界是推动同行的发展。思政课议题式教学研究，在共建中共享，在共享中共建，有利于集中各方智慧，实现学生、同事、同行共赢。

我们课题组主要在"五个共建"中实现共同发展。一是在"拜师"中共建。每个参与课题研究的教师，拜省内外的著名教育教学专家为师，包括浙江的吕有志、祝国强、杨志敏、边永坚、董凌达、陆志龙，上海的方培君、孟祥平，北京的李晓东、梁侠、董晨等。我们虚心接受他们的指导，认真与他们交流学习与研究的体会，把我们一线研究的成果与教育教学专家的理论有机结合起来。二是在"结对"中共建。我们课题组的每位教师与本校或兄弟学校的思政教师结为师徒关系，签订协议，明确双方的权利与义务关系，并进行适度的考核，促进师徒之间通过共同研究，相互交流，取长补短，推进议题式教学研究向纵深推进。三是在"协作"中共建。我们课题组与杭州学军中学、金华外国语学校、德清高级中学，建立思政课议题式教学协作共同体，定期或不定期开展研讨活动，分享议题式教学研究成果，推动思政课议题式教学协作体共建、共享、共赢。四是在"支教"中共建。为了最大限度发挥思政课议题式教学研究成果的辐射作用，我们课题组成员先后赴新疆阿克苏中学、安徽第八中学、重庆二十一中、河南安阳中学、浙江宁波中学、浙江永嘉中学、建德各普通高中等学校，开展支教活动，与同行共同探究破解议题式研究的疑难问题，分享研究的经验与教训。五是在"文综"中共建。政史地有许多知识相互交叉，有许多教法一脉相承，有许多研究相互贯通。加强与"文综"各科之间的议题式教学研究，可以从不同的视角拓展研究思路，创新研究的方法。我们课题组主要通过集体备课、相互观课、共同议课等活动，深化"文综"各科之间的合作研究，开创了议题式研究的新境界。

议题式教学研究是一项十分复杂且不断推陈出新的活动，广大思政课教师只有解放思想，深化改革，联合各方面的力量，分享经验和智慧，合力破解难题，才能不断开创思政课议题式教学的新天地。我们课题组的全体教师，将以本次课题研究结题活动为新的起点，以更加开放的姿态，更加宽广的视野，更加务实的行动，把思政课议题式合作研究常态化引向深入，以期获得更大的成果！

第四辑 >>>

师本研究

漫谈如何提升教师的幸福指数

习近平总书记提出的中华民族伟大复兴的中国梦，涵盖了国家富强、民族振兴、人民幸福多方面内容，其中人民幸福是终极目标。

教育家乌申斯基说："教育的主要目的在于使学生获得幸福。"然而，由于受应试教育的负面影响，教师苦教，学生苦学，家长苦陪，教育呈现一片痛苦的"悲壮"景象。如何在教育中获得精神快乐与幸福体验，往往成为教师、学生与家长一种遥不可及的奢望。提升教师的幸福指数，关乎学生、家庭和民族的幸福，应当成为我们教育工作者的不懈追求。

一、什么是幸福

古今中外，对什么是幸福，众说纷纭，不尽相同。

1. 幸福是多层次的

托尔斯泰认为，幸福是有层次的，包括家庭的满足、事业的满足、宗教的满足等三个层次。

2. 幸福是多方面的

人的幸福包括：物质的满足、精神的满足、政治的满足等多方面的内容。

3.幸福是多维度的

（1）幸福是一种能力。有的人身在福中不知福；有的人生活在艰难的环境中也能感受幸福！

（2）幸福是一种智慧。魏书生老师说："如果你把学生看成天使，你就生活在天堂里；如果你把学生看成魔鬼，你就生活在地狱里。"

（3）幸福是一种境界。损人利己获得幸福是小人追求的境界；利人利己获得幸福是众人追求的境界；损己利人获得幸福是圣人追求的境界。我们要竭力防止小人境界，勉力倡导众人境界，努力追求圣人境界！

二、如何提高教师的幸福指数

1.树立三个正确的观念

（1）树立正确的职业观，认清职业的幸福点。任何职业都有烦恼，当农民太贫困，当工人太劳累，做商人太冒险，做官太复杂，做教师压力太大。教师感受不到职业幸福，其主要思想根源是把别人的职业优势放大，劣势缩小；把自己职业的优势缩小，劣势放大，并用自己职业的劣势与他人职业的优势相比，导致越比越痛苦。

其实，教师职业有许多幸福点，主要表现为：放飞希望，传承文明（播种梦想，助人成长）；知书达理，受人尊敬（学高为师，身正为范）；相伴成长，生命常青（年轻生命，充满生机）；桃李芬芳，享受真情（成材成功，真情回报）；同伴合作，团队温馨（紧密合作，分享成功）；收益稳定，生活安宁（收入增长，依法保障）。

（2）树立正确的金钱观，认清金钱的优劣面。没有金钱是万万不能的，但金钱不是万能的。金钱可以买到文凭，但买不到知识；金钱可以买到婚姻，但买不到爱情；金钱可以买到职位，但买不到尊敬；金钱可以买到房子，但买不到家庭。缺乏金钱的人有烦恼，金钱太多的人更有烦恼。比尔·盖茨说："金钱是财富的象征,拥有金钱是一种责任。"太计较物质的人,往往反而不能获得物质的回馈。企业界有句名言:只会赚钱的人只能当老板,既能赚钱又能奉献社会的人,才能成为企业家。教师的收入尽管不多,但比上不足、比下有余,且相对稳定。教师只有树立取之有道,用之有度、用之有益、用之有方的金钱观,才能享有获得和使用金钱带来的快乐!反之,很可能因金钱而陷入无限的痛苦。

（3）树立正确的生命观,认清生命的幸福线。微博上有个描述人从1岁到100岁的情形段子:1岁闪亮登场,10岁天天向上,20岁富有理想,30岁发愤图强,40岁基本定向,50岁稳稳当当,60岁告老还乡,70岁搓搓麻将,80岁晒晒太阳,90岁躺在床上,100岁挂在墙上。这从一个侧面反映了人一生的变化情况。这启示我们:不同年龄阶段应该有不同的幸福追求,不能错位,人生短暂,要坚持创造生活与享受生活的统一。健康是人幸福的生理基础,活着才是硬道理,失去健康将会失去个人的一切。我们必须珍爱生命,不断提升生命的质量,不能游戏人生。

教师生命的意义主要是通过培育学生而发光、而快乐!教师要以促进学生的终身发展为旨归,教学生一阵子,让学生受益一辈子,不忘初心,牢记使命,始终坚持一切为了一切学生的一切,就可以不断地体验教育成功的幸福。

2. 掌握三个基本的方法

（1）学会感恩,拓展幸福的源泉。马克思说:"人是一切社会关系的总和。"我们的任何进步都离不开他人的帮助,比如高人的指点、贵人的相助、小人的监督、普通人的合作等。有位著名企业家曾说过,我们的小进步需要竞争对手,大进步需要敌人。

（2）学会合作,分享幸福的智慧。教育事业是一项系统工程,打造好这项工程,需要各方面的合作。比如本班任课教师之间在布置课外作业方面的合作。如果某学科教师布置的课外作业过量,过分占有学生的课余学习时间,以牺牲其他学科的利益和学生的部分综合素质为代价,导致班级学生的畸形发展,同事说他"教死",学生说他"烦死",家长说他"要死",

他自己"累死",其结果是本班任课老师"共死",导致各自为政,共同失败!如果某学科教师不布置课外作业、不搞课余辅导,导致本学科成绩过分落后,影响班级学生总体进步,同事说他"闲死",学生说他"空死",家长说他"寻死",他自己"懒死",其结果是本班任课教师被人"骂死",可谓是各自偷懒,共受谴责。因此,属于本学科的时间,教师不用好,或者本不属于本学科的时间,却又用得过多,往往会有来自内部与外部的舆论谴责,精神上也就备感自责与压力。因此,教师只有丰富教育智慧,以更加宽阔的胸襟,真心通力合作,坚持有所为和有所不为,才能共享教育成功的快乐!

（3）学会赞美,增强幸福的动力。陶行知"四颗糖果"的故事堪称"学会赞美"的典范。陶行知坚持寓批评于表扬之中,引导学生心悦诚服地认识和改正错误,增强教师成功的喜悦。有一次他看到一名男生正想用砖头砸另一个同学,就及时制止同时令该生课后来他的办公室谈话,事后用四块糖果进行奖励。陶先生对该生说:"这第1块糖果奖励你,因为你很准时,比我先到了。"陶先生又拿出1块糖果,对该生说:"这第2块糖果也是奖励你的,我不让你打人,你立刻就住手,说明你很尊重我。"该男生将信将疑地接过糖果。陶先生再拿出第3块糖果,接着说:"据了解,你打同学是因为他欺负女生,说明你有正义感。"那名男生已经泣不成声了:"校长,我错了。不管怎么说,我用砖头打人是不对的。"陶先生拿出第4块糖果,最后说:"你已经认错,我们的谈话也结束了。"

当下很多的教师往往惯用批评,十分吝啬赞美,导致教育实效低下。赞美虽然不能代替批评,但是人有与生俱来的希望获得他人赞美的渴望,赞美具有无穷的力量。教师针对学生的实际,选择适当的时机和语言对学生进行赞美,常常会收获意想不到的效果。

3.把握三条基本的要求

（1）坚持为校、为生、为己的统一,力争获得崇高的幸福感。学校、学生、教师三者是统一的。学校是教师展示才华、实现价值的主要平台;教师是学校办学的基本力量;学生是体现教师价值的主要载体;三者相互影响、相互制约。教师教育好每个学生,对于学校、家庭都是功德无量的,由此得到领导的肯定、同事的认同、学生的赞美和家长的尊重等,获得成功的幸福体验。

(2)坚持教育、教学、科研的统一,力争获得持久的幸福感。国内外企业老总走了一条"忙—茫—盲—亡"的道路,即因为过分忙于工作,没有时间学习和研究,经过一段时间后,导致工作茫然与盲目,最终让企业走向衰亡。教师往往也有类似的情况,因此,需要在繁忙的教育教学中,加强学习、研究与创新,不断提升教育教学的新境界,迎接一个又一个成功的到来。

(3)坚持学业、事业、家业的统一,力争获得全面的幸福感。

哈佛大学关于成功研究的结论:人与人之间的差异取决于业余时间,而一个人的命运取决于晚上8点到10点,每晚抽出两小时用来阅读、进修、思考及参加有意义的演讲、讨论,人生就会悄然发生变化。数学有三个等式:1的365次方=1;0.99的365次方=0.03;1.01的365次方=37.8。这启示我们在学业、事业和家业上要坚持不懈做好细节,追求卓越,才能赢得持续的成功。

教师的学习要做好"六个一":选一点内容;挤一点时间;做一点笔记;多一点思考;用一点实践;写一点体会。只有这样,教师才能丰富自己的知识结构,提高自己学以致用的能力,推动教育事业不断跃上新的台阶!

有人说,一个女人决定上一代人的幸福、这一代人的快乐和下一代人的未来。教育好一个男人只是教育了一个人,教育好一个女人才能教育好一家人。一个男人有作为,家庭有高度;一个女人有作为,家庭有温度;男人与女人关系和谐,家庭就有美誉度。

和谐的家庭是教师幸福的港湾。处理好家庭关系最主要的是正确解决好三个问题:夫妻的关系问题、子女的教育问题与老人的孝敬问题。教师要把教育好学生和教育好自己的孩子统一起来;把处理夫妻关系与孝敬长辈统一起来。

职业幸福是人生幸福的重要组成部分,作为教师,其幸福的编码掌握在自己手中。有一条微博妙语:小时候,幸福是一种东西,得到了就幸福;年轻时,幸福是一种理想,实现了就幸福;到中年,幸福是一种智慧,感悟了就幸福;人老了,幸福是一种相伴,团聚了就幸福。笔者恭祝各位老师享有幸福的人生!

以创新引领教师专业发展

习近平总书记指出："发展是第一要务，人才是第一资源，创新是第一动力。"创新发展的关键在人才，人才培育的基础在教育，教育创新的重任在教师。只有广大教师牢固树立创新意识，注重教育的创新实践，才能培养学生的创新意识和创新能力。为此，我们急需以创新引领教师的专业发展。

一、研究的缘由

1. 应对国际之大变局的迫切需要

现阶段我们正面临百年未遇之大变局，这场变局的集中表现是美国妄图全面遏制中国的崛起，企图让中国成为美国的附庸！我们要在中美之争中赢得主动和胜利，最重要的是全面做好自己，做强自己，而全面做好和做强自己的关键是依靠创新人才，实现创新发展。

2. 适应人工智能时代的迫切需要

某地曾做过一次实验，一个名师与一个人工智能在同一个年级的两个平行班教同样的学科内容，课后对两个班的学生进行统一测试，结果发现人工智能所教班级的平均分比名师所教班级高出10分以上。可见与人工智能相比，教师在知识教学方面处于劣势。教师只有不断创新教学方式，才能适应人工智能时代教育发展的需要。

3.迎接进一步深化教育改革的要求

随着时代的发展进步，教育也在不断深化改革，着力培养学生的核心素养。这既包括学会学习、健康生活、人文底蕴、科学精神、责任担当、实践创新等共性的中国中小学生的核心素养，也包括各门学科的核心素养。教师要让核心素养落地，就必须改变传统教育观念，改进传统教学方式，注重培养学生的创新意识和创新能力。

二、基本的内容

1.观念创新

观念决定思路，思路决定出路。人生最难改变的就是观念。教师要围绕"培养什么人、怎样培养人、为谁培养人"的三大问题，牢固树立以培养学生创新精神和实践能力为重点的素质教育观，树立国家课程、地方课程与校本课程三者相结合的新课程观，树立以德为先、全面发展的学生观，树立德才兼备的人才观，树立构建教育命运共同体的合作观。在当下，广大教师都要特别重视改变重智轻德的观念，切实注重学科思政，有机渗透社会主义核心价值观教育，理直气壮地对学生进行爱国、爱党与爱社会主义的教育，引导学生坚定正确的政治方向，坚持为党育人、为国育才，齐心协力把学生培养成为社会主义事业的合格建设者和可靠接班人。要严防在教育教学实践中偏离教育目标，严防对学生产生消极的影响。

2.方法创新

教育有法，教无定法。教育方法本无所谓优劣，最好的方法是最适合学生发展的方法。某班主任在课前发现一些学生在争论"女生比男生强，还是男生比女生强"的问题，就利用班会课专题举行了一次专题辩论会。该班主任创新辩论方案设计：正方（男生）的观点是女生比男生更强；反方（女生）的观点是男生比女生更强。让男生与女生都仔细寻找对方的优点，多看到对方的优势。本次辩论的结果是让学生进一步明确男女生各有优劣，我们需要学习对方的优点，包容对方的缺点，学会和谐相处，共同发展，而不是夸大对方的缺点，缩小对方的优点，相互指责埋怨，导致双方的关系紧张，甚至对抗。

3. 即兴创新

在重庆某年高考语文考试中，离结束还剩40分钟左右时间，某尖子考生正在写作文，一只飞鸟把屎拉在答卷上，这位考生顿觉非常晦气，考试结束后大哭不止。许多老师得知此事后便纷纷来安抚这位尖子考生。

教师A：要相信科学，不要相信迷信，飞鸟拉屎纯属偶然现象，不是晦气！（对于一个迷信的人没有任何作用，甚至适得其反。该生依然痛哭不已。）

教师B：你是一位高才生，应该懂得，在高考还剩三门课程的非常时刻，就因这点事情而过度沮丧的后果，你一定要及时调整好自己的心态。（该生仍在想飞鸟拉屎会导致本次高考失利，哭声越来越大。）

教师C：你打算如何避开"晦气"，调整好目前的状态，把剩下的三门课考好？（该生苦于找不到良策，仍在泣不成声。）

校长闻讯后来到现场，对该生进行对话。

校长：鸟拉屎是在空中，还是停在答题纸上？

学生：在空中。

校长：鸟在空中拉屎，那是天屎，百年难遇，你中奖了。

校长：鸟粪有什么积极作用？

学生：可以作肥料。

校长：肥料也是养料。恭喜你，上帝适时给你送来养料，助你把剩下的课程考得更好。（学生笑了）

学生：校长您也相信迷信？

校长：迷信不可不信，也不可全信。

该生由此调整好心态，积极应考，夺得当年当地高考文科状元。

教师面对教育现场突如其来的问题，要学会创新观念和方法，充分运用教育智慧，如此才能适时破解教育难题。

4. 管理创新

广大教师既是教育者，也是管理者。任何一项教育教学活动都离不开科学的管理。教师只有不断创新教育教学管理的方法，才能真正实现高质量发展。当下，中小学教师非常担心学生玩手机的问题，然而，舟山某技校引导学生玩手机取得了好成绩。该校针对学生在课堂上玩手机的顽症，研究制订了一套引导学生玩好手机的制度。比如，玩手机的权力清单与责任清单，玩手机的时间（比如，晚自休第一节课自觉完成作业；第二节课班级统一玩手机）和不准玩手机的时间（手机由班级统一保管），定期交流玩手机的心得和开展班级玩手机成果评比，等等。该校改革学生使用手机的办法，产生的结果是课堂纪律很好，学习效率更高，全省考核成绩名列同类学校首位且和第二名拉开较大的差距。这启示我们，只要创新教育管理的方法，教育教学中的难题就一定能够迎刃而解。假如回避教育实践中的难题，或者沿用不管用的老办法解决难题，就会收效甚微，甚至酿成苦果！

5. 科研创新

教育即研究。教师只有克服教研的功利主义、无用主义和悲观主义，创新教育研究的方式方法，努力把教育教学论文写在无限的教育教学实践之中，就能实现教育与科研和谐共生，相得益彰。湖北解放中学的吴又存老师，连续观看了央视《中国古诗词大会》的节目之后，结合自己的教学实践，连续撰写了11篇论文，在全国核心期刊发表。他借鉴了主持人董卿的智慧连接、有机互动、精彩结尾，王力群、蒙曼等专家精妙的点评和优美的古诗词等积极因素，让学生沉浸在十分有趣而活跃的课堂学习氛围之中，教学效果十分显著。吴老师参加了2019年3月18日习近平总书记主持的全国部分思政教师座谈会，做了专题发言，得到了总书记的赞赏。

6. 合作创新

教育即合作。教育教学质量是全体师生合力作用的结晶。教师只有改进合作的方式，积极主动参与教育教学的合作，才能实现互利共赢。某普高一位年轻的高三班主任指导学生调动教师积极性，优化师生合作，取得神奇之效。该教师指导学生学会三种做法。一是上课听懂了就点头微笑，对教师鼓励、互动与赞美。二是给班级教师送生日贺卡。在教师生日的前一天，班级制作一张生日贺卡，每个学生在贺卡上写一句赞美教师的话，由班级学习委员亲自送给教师，让老师感动不已。三是送激励卡片。针对教师每周的教学表现，由课代表征求同学意见，在激励卡上写一句赞美老师的话，以激励教师不断进取。由此带来班级师生关系和谐，教师一走进班级，就精神焕发，并不断鞭策自己进步，争取学生的好评！一年之后，班级师生的精神面貌发生显著改善，教学实绩突出，当年高考上一本的人数是平行班的3倍多。

7. 评价创新

教育评价的功能在于激励、诊断与引领。教师完善对学生的评价方式，有利于充分调动学生学习的积极性、主动性和创造性，引导学生不断取得新的进步。在美国的一堂美术课上，一位学生把马画成六条腿。美术老师发现之后，对学生的评价是：同学们，这位学生把马画成六条腿，在当下虽然找不到这样的马，但是，如果通过转基因技术可能会培育出这样的马，那是万里马，可能获得诺贝尔奖，希望该同学保持这样的梦想，一旦实现这样的梦想，请不要忘记与我们分享成功的欢乐。该教师在评价中，既指出学生当下画马的不足，又引导学生保持好奇心和梦想，收到极佳的评价实效。

教师专业发展的创新是一个系统工程，包括教学的观念、方法、手段、课程开发、测试、评价、管理、研究、合作等方面的创新，需要深化研究，让各方面的创新形成最大合力，实现教育实效最大化！

三、主要的策略

1.把学习、研究与反思结合起来

创新是一个学习、模仿、变化、创新的过程。这需要不断学习，深化研究与科学反思。首先，教师要坚持不懈地学习。坚持向书本学习、向专家学习、向同事学习、向学生学习、向社会各界学习，汲取各方创新元素，借鉴各种创新智慧。其次，教师要勇于自主研究，善于开展合作研究。在各级各类教育教学研究中，更新观念，完善手段，改进策略，优化方法。最后，教师要持续坚持科学反思。在反思中，揭露问题、分析问题和解决问题，不断丰富自己的创新激情和创新实力，力争取得更好更多的创新成果。

2.把学法、教法与考法结合起来

当下中国的教育，如果学生没有良好的考试成绩，就不能获得当下的机会；如果学生仅有好的考试分数，就不能赢得未来的竞争。因此，教师教法的创新既要贴近学生学法的需求，又要优化考法，把学生、教师的当前利益和长远利益结合起来。唯有如此，教师的教法创新才有基础，有实效，能持久。

3.把开放、合作与坚持结合起来

改革开放是强师之路，优化合作是兴师之力，坚持不懈是旺师之宝。教师要善于在开放中学习和借鉴他人之长，补己之短。既要反对照搬照抄别人的经验，又要防止拒绝学习他人的良法。教师又要以更加宽广的胸襟，优化与有关方面的合作，同心同德打造系统的教育创新工程。教师更要坚持不懈学习、实践、研究和反思，不断改革创新。因为创新的风险是失败，不创新的风险是灭亡。教师在教育创新中，还要坚持把创新的力度、发展的程度和学生可承受的程度结合起来，既不操之过急，也不无所作为。

浅谈做教师的"五重境界"

　　王国维在《人间词话》中，描述了"人生的三重境界"，对于我们不断提升做教师的境界具有积极的启示意义。

　　第一重境界是"寻"。"昨夜西风凋碧树。独上高楼，望尽天涯路。"在西风劲吹、满目肃杀中独自爬上高楼，看到天涯海角的尽头。面对人生的迷茫，孤独而不知前路几何，需要登高望远，寻觅出路。这犹如刚刚走上教育岗位的新教师，面对复杂多变的教育环境和教育教学困惑，常常会处于迷茫之中，不知未来的路在何方。

　　第二重境界是"守"。"衣带渐宽终不悔，为伊消得人憔悴。"心甘情愿为"春愁"所折磨，在追逐目标的道路上即使渐渐形容憔悴、瘦骨伶仃，也绝不后悔。教师们面对应试教育中复杂难教的学生，知难而进，开拓进取，即使身体消瘦、面容憔悴，也觉得无怨无悔。

　　第三重境界是"得"。"众里寻他千百度。蓦然回首，那人却在，灯火阑珊处。"寻觅千百次，竟然是在人烟稀少之处发现了那人。经过多次周折与磨练之后，最终功到自然成。老师们经过持续的艰苦奋斗，高歌猛进，终于实现了自己的教育理想，获得成功的喜悦。

　　为此，教师在教育教学工作中，需要坚定教育理想，崇尚艰苦创业的精神，富有攻坚克难的勇气，坚定教育的理想信念，不断提升教育境界，勇于攀登教育的高峰。回望笔者从事教育工作40多年的经历，借鉴他人的成长经验，笔者觉得教育可以有"五重境界。"

第一重境界：勤业，在迷茫中做

一个人从事任何职业，最直接的目的是养家糊口。在人口众多、找工作艰难的中国，人人都要珍惜来之不易的职业，勤勤恳恳做好自己的分内事。这一阶段，教师往往缺乏明确的教育理想，在教学或兼任班主任工作时，基本上是"摸着石子过河"，缺乏直接的教育教学经验，常常沿用过去老师教育自己的方法开展教育教学活动，大多数是走一步看一步。他们看着周围的同事都在勤勉上班，自己也不得不跟着埋头苦干。他们由于环境尚未完全适应，行动常常不够得法，管理举措不够得力，工作实绩大多平平。

刚大学毕业来我校工作的小吴老师，由于与学生关系"过于亲密"，很多学生在他上课时随随便便，对他的话充耳不闻，对他布置的作业简单应付，导致他所教学科成绩明显低于同类班级。由此引发家长的不满和班主任的揪心。他在教学反思中写道：自己工作勤勤恳恳，与学生关系也很和谐，但教学实效总是低下，深感迷茫，迫切希望名师指点，走出困境。这常常是新教师在勤业阶段的共同困惑。

第二重境界：敬业，在反思中做

从前，有人问三个正在砌砖的工人："你们在做什么？"

第一个工人说："我正在砌砖。"

第二个工人说："我正在赚钱。"

第三个工人却说："我正在建造世界上最富有特色的房子。"

三个工人对自己职业价值的理解存在明显的偏差，这将在一定程度上影响做好工作的积极性、主动性和创造性。

假如把上述之问改为问三个教师，可能会有类似的回答。

有人问三个正在工作的教师："你们在做什么？"

第一位教师回答："我在教书。"

第二位教师回答："我在赚钱。"

第三位教师却回答："我正在塑造世界上最有特色的灵魂！"

当教师对自己的职业价值有一个比较精准的认识时，就会想方设法反思自己的观念和行为是否科学、是否有效，并努力改善自己教育教学的行为。上述提到的小吴老师，面对教育教学中的困惑，主动寻找同事和学生交流，倾听他们对自己工作的意见和建议，恳请名师指点迷津，虚心吸收大家的合理化建议，从比较庸俗的师生关系转变为能彰显教师尊严的和谐师生关系，从学生上课随随便便转化为用力管控的课堂状态，从学生过分自由完成作业转变为及时督查学生完成作业，教学活动呈现喜人的变化，教学质量也有一定程度的提升。

第三重境界：乐业，在愉快中做

快乐和痛苦是相辅相成的。多苦少乐是人生的必然，苦中寻乐是人生的悠然，以苦为乐是人生的超然。其实，任何职业都蕴含着苦乐，需要职业人正确认识职业的意义，竭力做好本职工作，在实践中体验和发现成功的快乐，在快乐中把工作做得更好。

教师在工作中之所以觉得教师职业非常麻烦，压力很大，主要是一方面过分放大自己职业的劣势，严重缩小教师职业的优势，进行片面的比较。教师与商人比，钱太少；与官员比，权太少；与工人比，麻烦又太多；与医生比，专业性不够强。另一方面是自己投入很多，但收效不理想，很少体验到工作成功的喜悦。如果教师能够改变比较的方法，科学寻找教师的职业优势如精神的成长、收入的稳定、学生的尊敬和较长的假期等，就可以从痛苦的比较中解脱出来，优化工作方法，改善教育行为，就会有更大的获得感和更强的幸福感。上面所说的小吴老师，由于更深切地认识了教师职业的价值，因此改变了自己的观念和行为，取得了良好的成绩，赢得家长认可、学生尊重与同事的好评。学校聘请他担任实验班的班主任和任课教师，还兼任学校数学竞赛的教练。他由此感觉到工作着是快乐的，只要有所作为，就有更大的自由和尊严，从而更加心情舒畅地做好教育教学工作，不断取得更好的成绩,争创更加美好的未来!

第四重境界:专业,在高效中做

教师职业应该是一项专业性很强的职业。但是,由于受应试教育"大一统"(统一课程标准、统一命题测试、统一上课模式、统一评价标准等)的负面影响,加上广大教师主观能动性发挥得参差不齐。导致当下中国基础教育的专业化水平不高,专业化的效能不佳。这需要进一步深化改革,优化教师专业成长的宏观和微观环境,提升教师的专业化水平和专业化效益。

教师的专业素质丰富多彩,既有共性的专业素养,又有不同学科个性的专业素养。其中教师共性的专业素养主要包括:无私奉献的爱心、强烈的责任心、创造性教材处理能力、科学使用信息技术能力、教育科研能力、职业敏感能力、心理调适能力、交往管理能力、终身学习的能力等。如果教师全面提升自己的专业素养,就可以创造性地开展教育教学工作,不断提高工作的实效。比如,前文所讲的小吴老师,自从担任实验班的班主任和任课教师之后,精神面貌大为改观,教育教学方法和行动不断创新,上课从"多讲多练"转变为"精讲精练";班主任工作从全面"身先士卒"转变为主要依靠学生的"自我管理";教师合作从主要"借鉴别人"转化为与教师"资源分享",自己也因此成为一名市级的教育教学能手。

第五重境界:事业,在生命中做

人民教育家于漪老师如今90多岁,从事教育事业已67年,她几十年如一日地站在教育教学的第一线。她热爱教育事业,具有高尚的师德修养、深厚的学术功底、精湛的育人技艺和无私的奉献精神,一直站在教育改革的最前沿,成为素质教育的实践者、新时代教师的领路人。她把教育事业视为自己生命十分重要的组成部分,始终坚持"一辈子做老师,一辈子学做老师"!由此达到了教育的最高境界,成为名副其实的中国基础教育教师的楷模与典范。

许多教师一旦成为名师之后，往往就身处高原状态，没有更大的发展动力。其主要原因是这些人成为名师之后，往往就减少了学习、淡化了研究、放松了实践等，甚至躺在功劳簿上吃老本，没有真正坚持不懈地把教育融入自己的生命，没有不断勇攀教育的新高峰！

小吴老师，现已步入中年，教育教学取得了喜人的成绩，但他依然保持着强烈工作的激情，虚心拜全国数学金牌教练为师，在班主任工作和教学上都取得了新的突破，正走在提升新的教育境界的道路上，竭力铸就新的教育辉煌！

时代在飞速发展，教育在深刻变化，实践无止境，做教师也是无止境的。如果一个人紧紧盯住一个目标，全世界都会给你让路；如果一个人专注于做一件事情，梦想就会来敲门；如果一个教师不断攀登教育的新境界，终将成就更高的教育梦想！

怎样争做一名学习型的教师

知识经济时代，需要终身学习，呼唤建立学习型组织。基础教育是创建学习型组织的奠基工程。中小学教师是基础教育的基本力量，每一个教师都应该保持学习或在学习的路上。

教师的学习可分为广义的学习与狭义的学习。广义的学习包括：知识、情感、态度与意志等学习，狭义的学习主要是知识的学习。本文所讲的学习是指广义的学习。笔者认为，要成为一名学习型的教师，需要做好"三个六"。

一、加深"六个"认识，增强学习的自觉性

1. 学习是一种责任

振兴民族的希望在教育，振兴教育的希望在教师。从一定程度上讲，中小学教师是实现国家富强、民族振兴、家庭幸福的重要力量。一个学生对于一所学校而言是几百分之一、几千分之一，但是对于一个家庭来说往往就是百分之一百。何况当今学生教育的难度日益加大，特别是后进生的教育，有时可谓是"难于上青天"。

无才无德，不能承担任何责任；有才无德，逃避承担应有责任；有德无才，无力承担重大责任；德才兼备，方能承担应有的责任。教师只有怀着对

每一个学生终身负责的精神，才能坚持不懈地学习、学习、再学习，丰富智慧，掌握规律，懂得艺术，提升效能，勇敢地担负起教书育人的重任。

2. 学习是一种快乐

人的快乐主要包括物质的快乐、精神的快乐、政治的快乐、职业的快乐。学习的快乐主要属于精神快乐的范畴。学习的快乐主要体现在获得新知识的快乐、回忆新知识的快乐、运用新知识的快乐、创造新知识的快乐等方面。

学习是一个痛苦与快乐的过程。读书学习可以获得快乐。读历史让我们增添经验，读哲学让我们增添智慧，读文学让我们增添情怀，读宗教让我们增添信仰，读法律使我们增添理智，读教育心理学让我们增添育人策略，读报刊让我们增添时代敏锐度。

实践学习可以使我们体验快乐。一名后进生的转化，一个教学难点的攻克，一个管理困惑的解答，一个研究课题的拓展，都让我们享受到成功的喜悦。

3. 学习是一种工作

有人说，知识分子只要在思考问题就是在工作。同样，教师只要在学习就是在工作。学习与教育教学直接或间接相关的内容，都是为教育储备知识，汇聚力量。

何况"教师是最重要的课程资源"。教师作为一种活教材，其一言一行都会对学生产生潜移默化，甚至是深远持久的影响。教师坚持不懈地学习，必将使自己这本活教材的内容更丰富、更优质、更鲜活，教育教学更充满生机活力。

4. 学习是一种生活

人的生活包括物质、精神、政治与社会生活等方面。而任何生活的内容都离不开学习。

有效而持续的学习，必将使我们的物质生活更加科学、精神生活更加充实、政治生活更加积极、社会生活更加丰富，由此延长生命的长度、扩展生命的宽度、提升生命的高度，生活更充实，人生更有意义。

教师只有提高自己的生命质量，才能在教育教学的各个方面更好地关注学生，提高学生的生命质量，促进学生的健康成长。

5.学习是一种创新

教师不断地学习新知识、接触新事物的过程，不仅是不断积累创新知识、提高创新能力的过程，更是加快自身的专业成长、实现可持续发展、始终保持创新活力的过程。

学习新知识，是一个与旧知识、旧观念相互碰撞的过程。唯有这种撞击，才能迸发创新的火花，才能克服教学中的经验主义、高原现象、本领恐慌等问题，才能不断推进以培养创新精神与实践能力为重点的素质教育。

6.学习是一种习惯

教师在学习中，逐步形成博览的习惯、思考的习惯、创新的习惯、运用的习惯，可以养成良好性格，把握自己的命运。当这些好习惯作为教育的资源时，又可以为培养学生良好的学习习惯服务。

由于教师的工作比较烦琐，压力又大，往往难以挤出专门的时间读书学习。然而，正因为教育竞争的压力日益增大，更应该让学习成为一种习惯，这样才能使教师自身保值和增值，在激烈的挑战中处于更为有利的地位。

二、明确"六点"要求，把握学习的规律性

1.选一点内容

知识的海洋博大而多变，我们的时间与精力十分有限，必须学会在比较中鉴别，在鉴别中科学地选择。

教师的基本任务是教书育人。人的成长需要丰富的营养。教师就必须广泛学习，应该成为一个学习的杂家。一要精一门学科，学会教学。特别是在新教材改革的实践中，及时学习掌握新知识、新观念和新方法。二要通一点管理学，学会管理。让课堂教学在有序的管理中提高实效。三要懂一点哲学，学会思考。让教师在教育教学中更添智慧。四要看一点社会学，学会处事。在优化与同事的合作、学生的合作、家长的合作中，实现共赢。五要读一点宗教学，在淡泊名利中，铸就新的辉煌。

2. 挤一点时间

教师的确很忙，在校忙教学，在家想教学，在外念教学，似乎很难挤出时间学习。但是，知识经济时代，人人是学习之人，处处是学习之地，时时是学习之时。

我们可以在读书时学习新理论，在工作时学习新方法，在开会时了解新政策，在上网时获得新信息，在应酬时学习新经验，在娱乐时学习好心态，在交谈时学习新观念，在出差时学习新思考，等等。在生活中学习，在学习中生活。

3. 做一点笔记

俗话说，好记性不如烂笔头。在学习之后，记下新重点、新难点、新热点、新疑点、兴奋点等，可以作为教学的素材、思考的资料、科研的材料。

我们只要坚持每天记下一点点，日复一日，年复一年，就可以让点点相联，线线相通，面面相接，体体融合，在心中建立起一座座崭新的知识大厦。

4. 多一点思考

"学而不思则罔，思而不学则殆。"思考着收获着，思考着创新着，思考着快乐着。我们可以在理论与实践的结合点上思考，注重理论联系实际；在他人经验与本人的教育教学的嫁接处思考，注重分享，为我所用；在学科的交叉点上思索，注重整合和深化；学会在他人的思考中拓展、深化或修正；学会在教育教学的重点与难点上思考，切实攻破教育教学中的堡垒；学会在理论的空白点上思考、总结和发展理论。

5.用一点实践

学习的目的全在于应用。最有效的学习是能够促进行为变化的学习。读书是学习，实践是更重要的学习。科学理论的生命力与战斗力在于它能够指导实践，解决实践中遇到的问题。

我们要用理论指导实践，用实践检验理论、修正理论、发展理论，让理论与实践达到完美的和谐统一。反对把理论与实践割裂开来，甚至对立起来的现象。

6.写一点体会

教育理论的重点、教育教学的难点、教育研究的突破点，汇成一点，就是我们写作的兴奋点。教育科研论文主要是做出来的，而不是写出来的。

我们教师写教育教学论文或者心得，不仅要为评定职称而写，为自己和学校的考核而写，更重要的是为提升自己的专业水平、提高素质教育的质量而写。我们不仅把教育教学论文写在有限的纸上，更重要的是写在无限的教育实践之中。我们不要在痛苦中写作，而要在快乐中写作。

我们写教育科研论文，主要要写好"五句话"：写自己的话——讲述自己的教育教学的故事；写专业的话——体现自己教育专业的特色；写有趣的话——适当运用风趣幽默的语言；写新鲜的话——体现教育创新的观念和创新的实践内容；写精练的话——语言精练，短小精悍。

三、拓宽"六条"途径，提升学习的有效性

1. 在读书中学习，提升理论水平的高度

有人说，上网浏览一般的信息只能成为"知道分子"，只有研读原著才

能成为知识分子。这强调要静下心来读懂、读透几本原著，潜心研究教育家的成长轨迹和思想体系，为自己的专业发展提供营养。

如果我们教师挤一点时间，选择几本有关管理的名著，每天坚持读几页，日积月累之下也可以读多本。当我们读懂、读透几本原著之后，就可以丰富自己的理论素养，为思考与解决教育教学中的问题提供指导。

2. 在研究中学习，提高解决问题的效度

教育教学研究中的困惑不仅是新学习的起点，更是提高新水平的契机。我们把教育教学研究中的问题当作学习的绝好机会，知难而进，就可以置身"柳暗花明又一村"的学习佳境。

我们要学会把学校教育教学中的问题，提炼成研究的课题，运用新的理论指导校本课题的研究，在课题研究中，提炼出新经验、新方法、新思想，形成新特色，实现教师的专业发展，进一步提升学习的能力。

3. 在网络中学习，加快信息更新的速度

网络的本质是学会共享。然而，网海茫茫，清浊并存，瞬息万变。我们在苍茫的网海里冲浪，需要在科学的选择中，学会快速学习，经常学习，获得更多高质量的信息；同时，既要防止良莠莫辨，兼收并蓄，更要防止良莠颠倒，病毒缠身，沉湎游戏，无法自拔，坠入深渊。

我们教师要深入了解与我们教育教学直接相关的重要网站，学会友情链接和资源共享，不断扩大知识面，更新旧观念。

4. 在合作中学习，追求合作共赢的信度

任何一项教育管理成果都是集体智慧的结晶。唯有优化合作，才能整合各种教育资源的力量，实现教育资源配置效益的最大化。

教师要有大海一般的广阔胸怀，聆听一切难听之言，笑迎一切难容之士，畅饮一切难饮之酒，学会在积极主动、求同存异、遵守规则、争挑重担的氛围中，与各种各样的人合作共事，学习他们的长处，弥补自己的不足，实

现合作、和谐、共赢。

5. 在开放中学习，拓展对外开放的广度

"走出去"与"请进来"是全面对外开放的有机组成部分。

教师在"走出去"时，利用一切理论培训的机会，学习科学的理论；借助一切考察时机，虚心学习他人的经验和方法；用好一切活动，力求时时、处处学习。

我们在"请进来"时，要十分珍惜来之不易的学习良机，仔细聆听专家学者的报告，善于与专家平等对话。如果我们把读万卷书、行万里路、交万个友有机结合起来，就会在扩大开放中，享受更多更好的学习资源。

6. 在改革中学习，讲究改革创新的力度

改革的代价是失败，不改革的代价是灭亡。改革是一场革命，更需要在改革中学习，以降低改革的成本，争取改革的更加成功。

改革于教师个人而言就是改变自我，即改变旧我，创造新我，包括：观念的更新——牢固树立素质教育的观念；心态的调适——始终保持一颗平常心；方法的创新——选择最切合实际的教育教学的方法；手段的改善——运用符合教育教学规律的教学手段；合作的优化——善于在合作中，追求合作效益的最大化；整合一切教育资源——在分享中整合教育资源，为实现师生的共同发展服务。

彼得·圣洁在《第五项修炼》中说，赢得对手的唯一方法是比对手学得快一点。我们不仅要在理论上学得快，更重要的是行动上学得快、学得好。

只有教师学得快，才能使自己走在同行的前列；只有教师学得快，才能引导学生学得快，使学校走在同类学校的前列；只有教师学得快，才能引领中华民族学得快，使中国走在世界的前列。

做好"三本"文章，促进自主成长

教师专业的自主成长是持续站好讲台，实现职业理想，维护更高的自由和尊严，享受教育幸福的基础。为此，教师要做好"三本"文章，促进自主成长。

一、本分做人，教师成长的基础

人们都希望在工作、学习和生活中，遇见好人。然而，只有做最好的自己，才能遇见最好的别人；只有做他人的贵人，才能遇见更多更好的贵人。教育的根本任务是教书育人，教书是手段，育人才是目的。只有教师做个好人，才能真正教育好学生争做好人。

什么是好人？古今中外众说纷纭。北大王选教授认为，好人就是考虑别人与考虑自己一样多。比如，一个老师想通过题海战术，提升本学科的成绩，如果他同时考虑到其他学科的进步，就不会过分占用学生的课余时间，不会以牺牲其他学科的部分利益为代价，来取得本学科的发展。这就是考虑自己与考虑别人一样多的表现。

做一个好人要坚持五项原则。

一是不害别人。这是做人的底线。俗话说：害人之心不可有，防人之心不可无。因为害人者，就可能被别人所害，就必须更加谨慎地防人，就可能长期生活在惶惶不安之中。况且，害人者必将受到众人的谴责，常常是众叛亲离，成为孤家寡人，失去众人的尊重、关心和帮助，失去未来更多更好的合作与发展机会。

二是尊重别人。世界是统一性和多样性的结合体。因此,每个人都是世界的唯一,失去一个人,世界都会失去一点光彩。敬人者,人恒敬人。尊重人就要尊重人的优点与缺点,尊重人的籍贯、民族、种族、性别、年龄、出生、性格、观点等各个方面。

三是帮助别人。任何人的学习、工作、生活等都离不开他人的帮助。要想得到别人的帮助,就必须首先帮助别人。只知道一味索取、不讲奉献的人,就不可能得到他人的持续帮助。帮助人既要锦上添花,更要雪中送炭;既要被动支助,更要主动援手;既要平时坚持,更要关键时刻尽力;既要帮助曾经帮助过自己的人,更要帮助没有帮助过自己的人;既要量力而行,更要尽力而为;既不添乱,更不观望!

四是学习别人。三人行必有我师焉。任何人都有优点,也有缺点。只有虚心学习,善于取长补短,才能实现共同发展。学习别人,首先,要有"知之为知之,不知为不知"的学习态度,不耻下问,不懂就问,勤学好问。其次,要擦亮自己的眼睛,提高自己的辨别力,善于发现别人的闪光点,防止别人的阴暗面,坚持取人之长,防止学人所短。最后,要坚持以我为主,为我所用。既要防止照搬照抄,也要防止闭关自守;既要防止全盘否定自我,也要防止生搬硬套,把真学、可学、善学与高效学习结合起来。

五是引领别人。一个人的发展进步,离不开他人的引领。能人总体上更能引领常人,常人有时在有的方面也能引领能人。因为尺有所短、寸有所长。当一个教师在教育教学的十字路口徘徊时,我们要引领他找准正确的方向,奋勇前进;当一个教师在失利中畏缩不前时,我们要引领他坚定信念,重整旗鼓,坚毅前行;当一个教师主次颠倒、放松教学、热衷第二职业时,我们要引领他学会坚守初心,防止害人害己。

二、师本研究,教师成长的关键

当教师的教学能力达到一定程度后,随着年龄的增长,往往会逐渐弱化。当年人见人爱的老师，可能转变为人见人嫌的老师。究其主要原因，是缺乏深入的、持续的、有效的师本研究。

所谓"师本研究"，就是教师基于自己、源于自己和为了自己的研究。

师本研究有利于教师及时发现、深入研究和不断改进教师本人的教育教学中的问题，促进教师的专业发展，提高教育教学的效能。比如，有的教师缺乏赞美学生的能力，通过长期的微课题研究，总结提炼出赞美学生的鲜活经验和行之有效的方法，弥补自己在赞美学生方面的缺陷，提升自己赞美学生的能力。

师本研究的方法主要有六种。

一是录像研究法。有时，教师对自己在课堂教学中的某些不当行为往往视而不见，通过对教师上课的全程录像，让上课教师在课后仔细观看，发现自己上课的优劣之处，尤其是发现自己上课长期存在的问题，自己分析原因与寻找解决问题的对策，不断完善自己的教学行为。教师还可以邀请同事与专家一起分析自己课堂教学中的问题，共同进行归因分析与共商破解难题的对策。比如，小李老师一堂课说"这个"或"那个"的总数高达200多个，平时习以为常，正是在看完自己的教学录像之后，才突然感觉问题所在，必须克服！

二是同课异构法。每个教师都有自己的特点，让不同的教师在同一年级的不同班级教学同样的内容，每位上课教师分别进行听课与说课，同事与专家一起观课与评课，在比较中发现各位上课教师各自的优劣之处。各位上课教师仔细聆听大家的意见与建议，并根据自己的实际和需要消化吸收，取长补短，促进共同发展，打造自己的教学优势。某资深高级教师总觉得自己的那套教学方法已近完美，还总是指责别人教学方法的缺陷。其实，他那"一讲到底"的行为，早已不适应思政课新教材教学的需求。与一位年轻的教师同课异构之后，他才觉得自己已经落伍，需要更新观念，改善教学行为。

三是集体备课法。个人的能力是有限的，集体的力量是无穷的。没有完美的个人，但有完美的团队。一个人的缺陷常常可以通过另一个人的优势来弥补。因此，教师要借助集体备课的平台，大胆发表自己的观点，虚心听取他人的意见和建议，善于吸取别人的智慧，促进自己的专业发展。既防止在集体备课中失语，也要防止在集体备课中照搬照抄或完全拒绝他人的观点等做法。有的年轻教师在集体备课中，总觉得一些名师的教学设计，尤其是教学课件非常不错，自己力所不及，喜欢全盘搬用他人的教学设计与方法，久而久之，导致过度依赖别人，自己独立思考能力弱化，创新能力缺失。

四是问卷调查法。群众的眼睛是雪亮的，群众才是真正的英雄。教师针对自己在教育教学中存在的困惑，科学设计调查的问卷，引导学生实事求是地答卷，教师及时统计分析有关情况。必要时还可以召开学生代表座谈会，进一步了解相关情况。教师在问卷调查中，要正确对待学生的意见或批评，主动发现自己在教育教学中的某些具体问题，并反思解决这些问题的具体对策。要严防埋怨学生，甚至对那些对教师提出强烈批评意见的学生进行谩骂或打击报复等不良行为。

五是专家指导法。常言道：当局者迷，旁观者清；听君一席话，胜读十年书。教师针对自己教育教学中长期存在的无法破解的难题，应该积极主动邀请有关的专家进行面对面的真诚指点，往往可以茅塞顿开，豁然开朗。比如，笔者在高中思政课选择题的编写中，时而出现科学性、迷惑性、重复性等问题，经过同高考命题专家的多次对话交流，深入把握思政课选择题命制的规律，优化有关的命题方法，不断提升思政课选择题命制的质量和水平，也提高了自己分析和点评一些较难选择题的能力。

六是自我反思法。波斯纳认为，经验+反思=成长。教师只有对经验教学实践中的经验进行自觉的、深入的反思，才能更好地解决自己在教育教学中的问题，持续推动自己的专业发展。教师反思要从传统的"为自己式"反思走向现代的"为学生式"反思。过去的"为自己式"反思：①三维教学目标达成度如何；②教学重点是否突出，教学难点是否攻破；③教学设计是否坚持科学性与艺术性的统一等。现在的"为学生式"反思：①学生听课的兴趣是否浓厚、注意力是否集中；②学生参与面是否广泛、参与的效率如何；③学生学习任务完成如何、最后三分之一学生的学习情况如何等。从教学过程教师的维度看，教师可以在课前反思自己的教学设计是否规范、科学、新颖，为上课做好各种充分准备；在课中反思自己的教学行为是否适时、适当、适度，及时调整课堂教学进程；在课后反思自己的教学过程是否严谨、和谐、高效，为往后的教学提供更多更好的借鉴。

三、生本教育，教师成长的根本

生本教育的实践主要包括生本教学、生本德育与生本管理等方面。

1. 生本教学，提高效能

（1）激发兴趣，让学生乐学。在课堂教学中，教师既要发挥学科外的兴趣，更要发挥学科内的兴趣，坚持兴趣、理趣、志趣等有机统一。

比如，中学生恋爱是糖衣裹着的苦果，体现了唯物辩证法的哪些道理？①中学生恋爱从品尝"糖衣"到"苦果"体现了矛盾的统一性：矛盾双方在一定条件下相互转化。②中学生恋爱，既品尝"糖衣"又品尝"苦果"体现了一分为二的矛盾分析法。③中学生恋爱，既品尝"糖衣"又品尝"苦果"，但品尝"苦果"是主要方面，体现了两点论与重点论相统一的矛盾分析法。④中学生因为恋爱，而从品尝"糖衣"到品尝"苦果"，体现了因果联系的观点。⑤中学生恋爱，从品尝"糖衣"到品尝"苦果"，体现了变化的观点。⑥中学生恋爱，一般成人与中学生恋爱品尝"糖衣"与"苦果"是不同的，体现了矛盾的特殊性与普遍性的关系。

这样的分析，激发起学生浓厚的学习兴趣，引导学生深刻掌握和运用唯物辩证法的观点，分析中学生的早恋行为，正确处理好异性之间的关系，教学收效显著。

（2）学法指导，让学生会学。方法论的知识是最重要的知识。我们的学法指导方面存在的主要问题有六点。一是太复杂。题型分类过多，答题要求过细。二是太突击。集中训练一段时间后，平时却很少使用。三是太突然。未做几道题，就给学生总结提炼出有关题型的所有解题策略。四是太主观。教师往往把自己的想法一股脑儿塞给学生，很少或者没有吸收学生的观点。五是太抽象。教师提炼的方法高度抽象，学生难以操作。六是太保守。多年采用某一种方法，没有创新的因素。

教师在学法指导上，要秉持学法越简单越好、最好的方法是最适合学生的方法的理念，坚持不懈把学法指导贯穿教学过程的始终，体现在教学过程的方方面面。

（3）培养习惯，让学生好学。叶圣陶先生说："教育就是培养习惯。好习惯养成了，一辈子受用，坏习惯养成了，一辈子吃它的亏，想改也很难改掉。"可见，良好的学习习惯是搞好学习的法宝。

学生良好的学习习惯主要包括：上课、复习、预习、作业、考试、纠错与整理、选择学习资料等方面。比如，具有良好上课习惯的同学，往往课前做好充分准备，不打无准备之仗；课中把听讲、观察、思考、发言、记录等各个要素有机结合起来，努力成为学习的主人；课后及时将消化吸收、科学整理、质疑问难等有关方面统一起来，千方百计巩固、扩大上课的成果。

目前，学生在学习习惯上存在的主要问题是：课前不预习，上课不聚精会神听讲、不会记笔记、不会质疑、不主动举手发言；课后不自觉反思、不整理学习内容、不主动消化破解疑难问题；考试后不自觉纠错、不总结经验教训、不主动交流考试心得等。这些问题导致学习观念落后，学习方法陈旧，学习效率低下。

培养学生良好的学习习惯是一个长期的、复杂的过程，需要教师坚持示范引领、同伴互助、检查督促、反复操练。绝不可能一蹴而就，一劳永逸。比如，指导学生在上课时，记好课堂笔记。教师除了认真讲解课堂笔记的意义与方法之外，还要展示那些课堂笔记记得较好的同学的案例，让学生们相互交流，把学生自查、教师检查与学生互查结合起来，让学生不断提高认识，增强自觉，改进行为，提高记好课堂笔记的质量。

2. 生本德育，提升境界

生本德育是教育的生命和灵魂，是教育的本质要求和价值诉求。生本德育不仅要关注人的当前发展,还要关注人的长远发展,更要关注人的全面发展;不仅要关注被育之人、育人之人,还要关注所服务之对象——国家和人民,为国家服务、为人民服务,不断满足国家和人民群众的需要。

在当下重智轻德的应试教育和面临百年未遇国际之大变局的背景下,教育要更好地完成立德树人的根本任务,必须大力推进生本德育,满足学生道德成长的有效需求,真正把学生培养成为社会主义事业的合格建设者和可靠接班人。

(1)善于倾听与等待。深入了解学生的有效需求是实施有效教育的前提。一位妈妈问女儿:如果我们外出旅游时,你很口渴,我们没有带钱和水,仅有两个苹果,你将怎么办?女儿答:我会把两个苹果各咬一口。妈妈心怀不满,但没有责怪,而是平静地反问:你为什么要这样做呢?女儿答:我想了解哪个苹果更甜,我想把最甜的苹果献给我最亲爱的妈妈!妈妈在耐心倾听与等待之后心花怒放。

(2)善于研究与选择。每个学生都是这个世界的唯一,没有一种方法是适合任何学生的;也没有任何方法是适合学生的任何发展阶段的。有一位外国母亲听到她5岁的孩子平静地说"我不想上学"。她没有打孩子,也没有骂孩子,母亲想了一遍又一遍,决定让孩子沿路捡垃圾。要让他知道挣钱的辛苦,让他明白现在的生活来之不易,让他知道上学是多么的美好。果然不出所料,开始孩子很兴奋,到最后喊累了,这位母亲从孩子口中听到"我想上学"。当然,并不是所有父母听到孩子说"不想读书不想上学",就要让他捡垃圾,而是要先了解孩子不愿上学的真实原因,再对症下药。如果孩子说"我不想上学",大多数父母会立刻生气,就责骂孩子,甚至打孩子,这样往往无济于事,可能适得其反。

(3)善于教书与育人。教学即教育。教师要充分发挥教学的教育功能,有机对学生进行思想品德教育,力争达到"随风潜入夜,润物细无声"的境界。既要防止重教轻育,也要防止重德乱育。一位语文老师在教学"混"字时,采用结构分析法。对学生进行思想教育。"混"字告诉我们,每天都要争取比前一天进步"三点"。这三点就是"德、智、体"三个方面各进步一点,我们就会"混"得不错。所以,混日子不应无所事事,而该有所作为。又有一位老师让学生记住马克思的出生日期为1818年5月5日时,有机渗透思想政治教育。他说,马克思的学说犹如"一巴掌一巴掌"打得资本主义制度"呜呜响"。该教师善于赋予抽象的出生日期一定的政治含义,寓教于乐,并让学生深刻记忆!

3. 生本管理,自主成长

苏霍姆林斯基说:"真正的教育是自我教育。"同理可知,真正的管理是自我管理。教师引导学生自我管理,自我约束,自我超越,是生本德育的重要组成部分。

(1)依规管理,树立法治意识。依规治班是生本管理的重要途径。教师在坚持依法执教,自己遵守国家的法律法规和学校的规章制度的同时,引导学生民主制订班级课堂管理、课外练习管理、学生学科成绩评定管理等学科教学的管理制度,引导和监督学生从小树立规则意识,崇尚法治,有利于学生长大后,争做依法治国的主人。

(2)民主管理,增强自主能力。生本德育为了学生,更应该依靠学生,充分尊重学生的主体地位,调动学生民主管理的积极性、主动性和创造性。比如,教师在教学计划的制订与调整,教学方法的选择与改善,教学活动安排与组织,教学成绩评定的方法与形成等方面,都要充分发扬民主,倾听各方面的意见和建议,认真做到学生的事情与学生一起商量,学生的问题由学生自主解决,学生的命运让学生自主决定。

(3)科学管理,培育科学精神。教育管理是科学的管理,必须遵循科学的规律,运用科学的方法,而不能随心所欲。比如,对学生课外作业的管理,要充分考虑学生的课外时间、兴趣、能力、效率等因素,不能搞照搬照抄的题海战术,而要精心选编、精心批改、精心讲解、精心反馈,力争让学生在力所能及的范围内,比较愉快地完成课外练习,而不是在痛苦中应付了事,导致学生越练越伤心、越练质量越低下等严重的后果!

总之,教师的专业成长是一个长期的、复杂的过程。教师只有坚持做

教之辩

好以上"三本"文章，才能推动专业持续发展，实现自己的教育理想，为党和人民的教育事业做出更大的贡献！

如何提升当代中小学教师的核心素养

教师的核心素养指教师应具备的适应终身发展需要的必备品格和关键能力。中国教师的必备品格与关键能力主要包括哪些方面，目前尚未形成统一的观点，笔者引用天津师大王光明老师等人的观点，展开论述，望同行和专家指导。

王光明认为，中国教师的核心素养包括道德修养、教育精神、文化修养等三大方面，共十个小点，具体内容如下。

道德修养：职业道德，即忠于职守、依法执教、为人师表；思想政治，即政治立场坚定、思想认识端正；心理健康，即身心健康、积极乐观、情绪稳定。

教育精神：教育理想，即职业理想、职业目标；教育信念，即职业理念、职业归属；教育情感，即热爱教育事业、职业忠诚、关爱学生。

文化修养：专业素养，即学科知识积累量与深化迁移能力、教育理论掌握程度与领悟力；人文素养，即审美意识、人文积淀；科学素养，即理性精神、批判意识；信息素养，即数据获取、信息分析、运用信息技术教学的意识与能力等。

教师是教书育人的基本力量。只有提升教师的核心素养，才能让学生的核心素养落地。笔者认为提高教师的核心素养主要应在三大方面狠下功夫，坚持不懈，必有所成。

一、坚定教育的理想信念，为提升核心素养导航

习近平总书记指出："理想信念就是共产党人精神上的'钙'，没有理想信念，或理想信念不坚定，精神上就会'缺钙'，就会得'软骨病'。"同理，教育理想信念也是教师的"钙"，教师心中有信仰，脚下有力量。

我国的共同理想是把我国建设成为富强、民主、文明、和谐、美丽的社会主义现代化强国。党和国家的教育方针是把学生培养成为社会主义事业的建设者和接班人。所以，教师要坚持为党育人，为国育才，为实现共同理想和共产主义远大理想而奋斗。

没有教不好的学生，只有不会教的老师，这一观点侧重强调的是教师要坚信绝大多数学生是可以教育好的，教师要坚定信心，不要对学生的发展丧失信心，更不能放弃对学生的耐心教育。有的教师碰到一个难教难管的后进生，就千方百计动员家长：你的孩子不适应我校的学习环境，换一个新的学习环境会更好。希望该生转学，而且速度越快越好。殊不知，教师一旦对后进生的教育丧失信心，后进生就会越来越多，今天把张三转走，明天李四会成为后进生；明天把李四转走，后天王五又成为后进生。因为后进生与优等生永远是相对的，学生发展的差异永远都是存在的，教育只能缩小差距，而无法消除差距。

教育好一个后进生往往比培养一个优等生更难，可能会让老师，尤其是班主任老师付出更为艰辛的努力。然而，教师真正对后进生付出爱心，既是教师博爱的重要体现，又是提升教师核心素养的契机。因为做复杂艰难的事情，能大幅度地提高自己的核心素养。如果只是做一些简单重复的事情，教师的能力也只会在低层次徘徊。教师转变一个又一个的后进生，不仅能享受一次又一次成功的喜悦，更是教师核心素养一次又一次跃升的过程。

诚然，教师坚定对学生教育的理想信念，不仅仅体现在转变后进生上面，还要面向全体学生，一切为了一切学生的一切，这才是我们最美好的追求。我们通常所说的优等生，往往窄化为学习成绩优秀的学生。一个学习成绩优秀的学生，可能在思想品德等方面存在短板。因此教师千万不能过

分偏爱这样的"优等生"。只有关注学习成绩优秀学生的道德成长，才能把他们培养成为德才兼备的人才。同时，教师要深入占比最高的"中等生"群体，关注他们的全面发展，引导他们不断进步，防止他们跌落到后进生的行列中，使他们朝着优等生的目标迈进！努力营造一个先进更先进、后进赶先进、共同向前进的良好氛围。

二、丰富教师的职业情感，为提升核心素养清障

由于受应试教育的负面影响，教师的心理压力日益增大，导致教师的心理问题不断产生。京、沪、穗、深四地对600多名教师进行职业倦怠的调查结果显示："比较严重"的占27%；"有一些"的占36%；"偶尔有的"占37%。有的教师产生严重的抑郁症，甚至跳楼自杀。

破解教师的心理问题，保持教师的工作激情，缓解或克服教师职业倦怠现象，应该成为提高教师工作积极性和创造性的当务之急。

一是提升教师价值认同的高度。任何职业没有高低贵贱之分，只要在不同的岗位上为社会发展做贡献，都应受到社会的尊重。教育是传承文明、塑造心灵、培育人才的光辉事业。教师的精神生命因学生的发展而延长、教师的幸福因学生的成才而增大、教师的价值因学生的成功而彰显。教师应该看到自己职业的崇高价值。

二是加大自主广泛学习的深度。学习不仅是一个人精神持续成长的捷径，也是丰富自己的情感、克服职业倦怠的良方。教师要更加自主广泛地读好三本书：第一本书，是有字之书，是古往今来的一切书本知识，尤其是学习本专业发展最前沿的知识，加快专业发展；第二本书，是无字之书，是自然和社会这本书，加强教育实践；第三本书，是心灵之书，促进心理与道德成长。

三是提振攻克教育难题的兴趣。面对教育日趋复杂的环境和一个又一个的教育难题，教师不再观望，不能退怯，而是知难而进，笑迎一切难解之题，包容一切难容之人，畅饮一切难咽之酒，勇破一切艰难险阻，攀登一个

又一个教育教学的新高峰。

四是调高同伴和谐合作的温度。教育是众人的事业，不是单干的苦业，只有多方面力量优化合作，才能到达合作共赢的境界。教师要摒弃零和思维的观念，常怀感恩之心，常拥合作真情，常做无私奉献，让合作的灿烂之花在整个教坛绽放。

五是增强专家科学引领的精度。教育专家常分为理论专家与实践专家。理论只有与实践紧密结合，才有价值和生命力。没有科学理论指导的实践，往往是盲目的实践。教师要学会与专家真诚地面对面、心连心、点对点，接受专家的精准引领，增强引领的力量。

六是提高各方充分激励的效度。对人的激励主要包括物质的力量和精神的力量。重赏之下必有勇夫，说明物质激励的力量是巨大的，但是精神的力量更是无穷的。充分调动各方的积极因素，把物质激励和精神鼓励紧密结合起来，充分提升激励的效度。

三、加快教师的专业成长，为提升核心素养添彩

在不同的时代，教师的专业发展不尽相同。在农业文明时代，教师是园丁；在工业文明时代，教师是工程师；在知识经济时代，教师是首席学习者。当我们进入人工智能时代，在华东师大范国睿教授看来，教师要担任五个角色，加快自己的专业成长，提升核心素养。

一是学生数据的分析师。教师对学生成长的各种统计数据，包括德智体美劳各方面的数据进行科学分类、精准统计、翔实分析，把握学生各方面成长的特点，分析成因，找准对策，指导学生制订个性化的成长方案。

二是学生价值和信仰的引领者。当前，世界经济全球化，政治民主化，文化多元化，正确引导学生的价值判断与价值选择，坚定理想信念和科学的信仰，是教师专业化的应有追求。教师引导学生自己践行社会主义核心价值观，坚定马克思主义和社会主义的信念。

三是学生个性化成长的指导者。促进学生的全面发展，不是均衡发展，

而是在全面发展理念指导下的充分发展,坚持合格+特长的个性化发展。教师要针对学生的禀赋,尊重学生的个性化选择和个性化需求,指导学生在全面发展的前提下个性化发展。

四是学生社会学习的陪伴者。社会是教育的大课堂,也是学生历练的大熔炉。坚持开放精神,注重社会实践,开阔学生视野,培育实践能力,是素质教育的重要组成部分。教师要主动陪伴和指导学生,积极主动投入社会学习,让自己成为推动社会发展的主人。

五是学生心理和情感发展的呵护者。由于受国内外大环境和学生自身因素的影响,我国中小学生的心理和情感往往比较脆弱。对此,教师要学会小心翼翼,既不能任其自然,也不要用力过猛,要尊重学生心理和情感发展的规律,学会运用科学的方法,精心呵护学生的身心发展,让学生的心理更健康,情感更丰富。

总之,提高教师的核心素养任重道远,只有起点,没有终点,永远在路上。这就需要教师把学习、实践、反思、合作有机结合起来,坚持不懈地开拓进取,力争有更大的作为。

中小学教师教育科研的"三要素"

当前，我国许多中小学教师对教育科研的认识，往往存在六种片面的观点。一是冲突论，即教育科研与教育教学活动是相互冲突的。二是功利论，即搞科研就是为了教师评职称与应付学校对教职工的考核。三是无关论，即教育科研与教师的专业发展无关。四是悲观论，即中小学教师的教育科研是教育专家的事情，一线教师很难有所作为。五是急进论，即中小学教师的教育科学必须在短期内见效。六是珍藏论，即把教育研究成果珍藏起来，不直接应用于指导教育教学的实践。

上述这些观点，都是对中小学教师教育科研的片面认识，都不利于推动教育科研与教师专业的持续发展。如何深刻而全面认识教育科研的真正价值，不仅要把教育科研的论文写在纸面上，更要把它践行在教育教学的工作中，让教育科研与教育教学相互促进，共同生长，推动教师专业持续发展，应该成为广大中小学教师的永恒追求。

英国课程论专家斯腾豪斯认为，教师即研究者。华东师大博导施良方觉得，改进教育实践，关键要靠真正进行教育活动的教师发现自己实践中的问题，思考解决办法来实现，教育改革的关键在于使教师得到发展，扩大他们的专业自主权。为此，中小学教师要想成为一个忠实的研究者，就应该把"三要素"统一起来，不断攀登教育科研高峰。

一、学习理论，掌握方法

没有科学理论指导的教育科研是盲目的科研。这样的教育科研往往陷入走弯路、增难度、低效能的困境。当前，中小学教师的教育科研急需科学理论的指导。比如，科学的教育教学课题研究理论。这一理论主要包括课题的选择与论证、研究的途径与方法、报告的撰写与鉴定、研究资料的整理与归档等内容。

课题的选择与论证。教师可以根据自己教育教学的实际，结合研究的价值性与可能性的要求，把自己教育教学中的问题提炼成课题。比如，针对班主任在写学生评语时存在的问题，提炼出"班主任撰写个性化学生评语中的困惑与对策研究"的小课题。为了防止课题研究的价值不高、研究的范围过大或过小、研究的思路不够清晰、研究的条件不够成熟等问题，可以邀请有关的专家进行论证指导。

研究的途径与方法。课题研究的途径包括：选题—学习和查阅资料—课题申报与课题评审立项—课题论证—开展研究—中期评估检查—完成研究报告与申请结题—评奖推广。课题研究的主要方法有调查法、观察法、文献法、实验法、案例法、教育行动研究法等，课题探究可选择一法或数法并用。

报告的撰写与鉴定。课题研究报告一般包括标题（有的有主副标题）、摘要（包括目的、方法、结果或结论等）、关键词（一般为3—8个）、正文与参考文献（专著［M］、论文集［C］、报纸文章［N］、期刊文章［J］、学位论文［D］、报告［R］、标准［S］、专利［P］、论文集中的析出文献［A］）。论文的鉴定由有关专家召开专门的鉴定会或者进行"盲审"，评价为合格与不合格，或者一、二、三等奖，或者A、B、C、D、E五个等级。

研究资料的整理与归档。课题研究的档案材料包括三个方面。一是立项资料。主要包括课题申报表、课题实施方案（开题报告）、批文、聘书等。二是课题研究成果。主要包括核心研究报告及其附件。三是结题资料。主要包括结题申请表、成果鉴定书、结题证书等。

二、实践研究，积累经验

　　教育教学研究是基于实践、源于实践和为了实践的研究。基于实践和源于实践就是指教师研究的课题是从教师的教育教学实际出发、源于教师的教育教学实践的问题，研究的主要目的是更好地解决自身或同行在教育教学实践中的问题。

　　从课题的角度看，教师的实践研究可以分为非课题的研究与课题的研究。非课题的研究往往是一种非自觉的、不系统的、浅层次的研究，研究的成果也常常是缺乏深度提炼的经验型的东西；课题的研究一般是自觉的、系统的、深度的研究，研究的成果是进行深度提炼的科研型的内容。教师既需要非课题的研究，更需要课题（尤其是立项课题）的研究，最好把两者结合起来，有利于提升自觉自主的研究素养。

　　从研究的时间看，教师的实践研究可分为短期的课题研究和长远的课题研究。比如，在课堂教学中，如何正确处理好讲与练的关系，如何激发学生的学习兴趣，如何对学生进行学法指导，等等。这些都应该成为教师长远研究的课题。思政课议题式教学的合作路径研究，思政课运用时政热点的原则研究，如何指导学生写好政治小论文，等等。这些都可以成为短期的课题研究，有的也可以长期研究。教师的实践研究需要把短期的课题研究与长远的课题研究统一起来，既把握课题研究的阶段性特征，又着眼长远课题研究的发展。

　　从研究的主体看，教师的实践研究可分为独立研究与合作研究。独立研究主要是指教师独立思考和选择实践研究的内容，包括课题研究与非课题研究。独立选择研究的方法与路径，独立撰写教育实践研究的报告。但是，独立研究不是孤立研究，也需要积极主动听取他人的意见和建议。合作研究主要是指教师主持或参与某项实践研究活动，尤其是主持或参与某一重大立项课题的研究，包括校内同事的合作研究和校际同行之间的合作研究。教师要在独立研究中学会自主思考与自我开拓。在合作研究中，积极参与实践研究活动，为合作研究做出应有的贡献，同时也要学会吸收和借鉴他人的智慧与研究成果。

总之，教师无论进行什么样的实践研究，都要增强研究的自觉性与自主性，养成良好的研究习惯，正确把握科学的研究方法，保持旺盛的研究激情和应有的定力。无论空闲还是忙碌、无论独立还是合作、无论顺境还是逆境，都要坚持不懈，不能时断时续，临时抱佛脚，更不能遇到一点麻烦就放弃研究。

三、反思提炼，丰富智慧

教师对教育实践的反思，重点体现在"三思"上。一是"对不对"。这主要从世界观上思考问题。反思实践研究的课题是否切合实际，选用的方法是否符合规律，研究的路径是否符合逻辑，积累的素材是否体现主题，研究报告的基本框架是否严密，等等。二是"值不值"。这侧重于价值问题。反思研究的内容是否有价值，能不能解决自己与同行实践中的问题，为推动自己的专业发展服务。研究的价值究竟有多大，能够在多大程度上解决自己或同行当下或未来实践中存在的问题。研究的价值能不能辐射，真正为同行破解教育实践的难题提供可借鉴的经验指导与成功的案例等。三是"好不好"。所谓"好不好"，一是指创新性，即反思理论和实践是否具有个性化和独创性；二是指研究的操作过程是否简约明了，因为越是科学而美好的东西越是简约；三是指美感，即教育研究的总结表达是否精致优美，给读者以美的享受。

教师经过科学的反思和精准的提炼，直接的目的是写好教育实践研究的报告。教育实践研究报告要写好"五句话"。一是专业的话。要有一定的教育专业理论的思考。防止通篇用大众的语言，书写一般的教育实践经验总结，缺乏应有的专业思考和适度的理论包装。　二是自己的话。对理论的解读、案例的整合与论述的过程等，个性化的语言彰显个体的亮点与独特的研究风格。防止人云亦云的通病或者过分"参考"他人的观点与做法。三是新颖的话。教师要有一点与众不同的思考，与众不同的提炼，与众不同的表达，让研究的课题与研究的报告呈现出别样的心意，给人耳目一新的印象。四是风趣的话。教师要有一点幽默风趣的语言，吸引读者研读自己的研究报告，避免语言陈腐平淡，味同嚼蜡。整个研究报告总有几处要让读者眼睛一亮，心中一震，开怀一笑。五是精练的话。研究报告的语言要简洁洗练，不冗长拖沓，不写正确的废话。

　　总之，教育实践研究，要以科学的理论为指导，以实践活动为根本，以反思提炼为载体，贴近时代的步伐，贴近教育的规律，贴近师生的实际，让教育实践研究落地生根，开花结果，推动教育实践研究与教育教学相互促进，和谐发展。

如何争做"五行"教师

新时代的教师面临着巨大的挑战和空前的压力。教师只有做最好的自己，才能面对当下日新月异的时代变迁，迎接人工智能的激烈挑战，顺应深化教育改革的迫切需要。争做"五行"教师是教师做最好自己的重要保障，也是教师实现专业持续发展的应然追求。为此，教师可以做好以下五项修炼。

一、像金子一样珍贵，让自己保值增值

从经济学的角度看，金子的珍贵主要体现在体积小、价值量大、易于分割、便于携带，能够固定充当一般等价物，充当世界货币，破解了商品交换的难题，成为物质财富的象征，具有神奇的魔力。

教师像金子一样珍贵，主要体现在自身的价值大，用途广泛，在教书育人中发挥着不可替代的积极作用。这里的"价值大"，不仅体现在本学科的教学业务精湛、教学科研超群、教学合作一流、教学实绩优异，更重要的是政治素质过硬，师德水平高尚，对党、国家、人民有深厚的情感，随时准备为党和人民的教育事业奉献一切。这里的"在教书育人中发挥着不可替代的积极作用"，指的是不仅能够充分发挥本学科在教学育人中不可替代的积极作用，而且能够在学校各级各类的岗位上与丰富多样的教育活动中，发挥多方面不可替代的育人价值，在学校教育教学的方方面面，展示教师特有的风采和无限的魅力，科学引领同行的专业发展，充分发挥更大

的辐射作用。

为此，教师需要在教育教学中，坚持不懈练好内功，塑好形象，以不懈追求中华民族伟大复兴的志气，以博学多才与登高望远的才气，以泰山压顶不弯腰的骨气，以明知山有虎，偏向虎山行的勇气，以山高我为峰的豪气，开拓进取，不断让自己保值增值，做一块不含杂质的纯金，不断闪耀着金光。

二、像树木一样成长，让自己巍然屹立

"大树理论"告诉我们，参天大树的形成需要时间、坚守、深根、往上、向光等多个要素。参天大树，是十年树木，而非一日之功；坚守原地不动，而非见异思迁、经常移植；扎下深根，汲取多种养料，让自己枝繁叶茂，而非根浅，否则容易被狂风暴雨吹倒或折断；一直不断地向上生长，也适度向四周伸展，而非半途而废，自我封闭，小进则满；坚持不懈地迎着太阳的光辉，进行光合作用，而非孤芳自赏，裹足不前，更不是深陷黑暗，苟且偷生。

思政课教师像大树一样生长，让自己长成参天大树，就是要秉持百年树人的理念，始终坚持不懈地奋进，而不是急功近利，奢望一劳永逸。要耐住寂寞坚守教坛，而不是内心浮躁，心有旁骛。要坚持深耕教育，深度研究，深度教学，而不是走马观花，浅尝辄止。要坚持攻坚克难，不断勇攀教育的新高峰，而不是畏首畏尾。要坚持向着光明的方向前进，铸就辉煌的人生，而不是弃明投暗，留下灰暗的人生足迹。我们不苛求完美，但要不断追求完美，让自己更有深度，更有高度，更有厚度，更有亮度。

常言说：树大招风，树欲静而风不止。其实树不大，风照样吹，树还可以挡住大风的冲击力。为此，一个教师长成参天大树，要从容自信地面对狂风骤雨，让自己更加挺拔坚韧。防止因过于张狂而招致飓风来折断自己，甚至自取灭亡。

三、像水一样柔性灵动，让自己富有智慧

古人云：上善若水。这是因为水有浩德，流遍各处，没有私心；水有仁爱，滋润万物生长，而不与万物相争；水有智慧，自我净化，深不可测，包容万物，以柔克刚，水到渠成。

教师要有像水一般的柔功，就是要有崇高的师德，不论学生的品德如何，学业怎样，相貌美丑，家庭贵贱，始终公平地对待每个学生，没有私心杂念，没有偏心偏爱。要有仁爱之心，秉持"功成不必在我，功成必定有我"的理念，全面促进全体学生的茁壮成长。始终保持谦虚谨慎，而不居功自傲。更要不断自我革命，破除一切束缚我们前进的旧观念、旧习惯，练就丰富的教育智慧，拥有广阔的胸怀，能容一切难容之人，聆听一切难听之言，畅饮每杯难咽之酒。要坚持"刚柔并济，柔为上"的艺术，以柔克刚，善于更新教育观念，勇于冲破教育教学实践中的一切艰难险阻，让全体学生茁壮成长，努力实现美好的教育理想。

古人云：水能载舟，也能覆舟。教师在学习水的德行与智慧的同时，必须要坚持适度原则，严防水过满则溢，甚至泛滥成灾，淹没自己，危害他人，殃及教育事业等不良后果。

四、像火一样燃烧，让人生充满光辉

火燃烧给人类带来光明的同时，有时也会引火烧身，给人类造成灾难。其实，火是一种重要力量，教师要像火一样燃烧。

首先，要有火一样的激情。伟大的哲学家黑格尔说："没有激情，世界上的任何伟大事业都难以成功。"魏书生老师告诉我们："我心中的理想教师应该是一个胸怀理想、充满激情和诗意的老师。"思政课教师要用科学的教育理想与有顽强意志的火柴，点燃自己教育激情的火花，始终保持对教育事业的火热激情，严防职业倦怠与疲软的状态；同时，要做播火者，点燃学生的希望之火，让最广大的学生在知识的学习与社会的实践中，激发学生

学习进取的热情，更加清晰地看到世界未来发展的无限希望，对祖国与民族的未来发展充满希望，对自己的未来发展充满希望，满腔热情地为人民的教育事业不懈奋斗。

其次，教师要有火的智慧。学会深谙火性、把握火候、控制火力。要清醒认识火能成事，也能败事。比如，教师对多次教育无效的学生过分发火，尽管可能出于良好的主观愿望，但可能会造成严重的后果。教师要充分把握时机，有效控制火候。教师在适当的时机与适当的地点批评那些违规违纪的学生，可能会让他们热泪盈眶；在不适当的时机批评学生，往往会引发学生的反感，甚至爆发激烈的对抗。教师还要把握火燃烧的规律，让燃料充分燃烧。如果燃料堆积在一起，中间空隙很小，火焰往往不旺甚至熄灭，只有燃料之间留出适当的空隙，燃料方可充分燃烧，而且越烧越旺。这又启示我们，要有广阔的胸襟，充分吸收氧气，让师生的可燃之物，燃起熊熊烈火，照亮教育教学的征程。

最后，教师要有灭火之力。教师调动一切积极因素，及时熄灭自己对学生的愤怒之火、怨恨之火、贪婪之火、傲慢之火等。过分愤怒伤心又伤肺、伤人又伤己，此火应灭。怨恨自己，陷入痛苦；怨恨他人，冤冤相报何时了，此火必灭。贪得无厌，往往以损人开始、以害己告终，此火须灭。傲慢之火，常常引发别人的反感，损害自己的形象，束缚自己前进的步伐，此火当灭。

五、像土一样奉献，让人生更有价值

土地的伟大不但在于万物皆出其上的贡献，更在于万物皆非我有的忘我精神。假如学生是一粒种子，教师就是帮助其发芽的土壤；假如学生是一棵幼苗，教师就是帮助其生根的土壤。教师伟大的土性就在于用自己的双肩扛起自己的学生，让他们站得更高，看得更远。

有一段文字这样写道："我是你思想智慧成长的博大的土地，当你变成了高山，当你摸着了天边，我还是我，最底下的泥土。当你长成了参天大树，我还是我，最底下的泥土。当你开出了艳丽鲜花，我还是我，最底下的泥土。一切都是你的,一切都不是我的,不用争功。"这字里行间充分体现了教师像土地一样奉献。

教师像土地一样奉献,就是弘扬忘我的精神,促进学生的茁壮成长。魏书生老师说:"爱自己的孩子是人,爱别人的孩子是神。"教师爱学生是一种博爱,教书育人是教师的天职。教师唯有弘扬忘我的的精神,不夹杂私心杂念与功利色彩,方可赢得学生与社会的更多尊重,才能得到学生更大的信任,教育教学的实效才会更高。

总之,教师争做一个"五行"教师,就是要像金子一样闪闪发光,彰显自己应有的价值;像树木一样向着阳光生长,展示自己高大的形象;像水一样灵动,丰富自己的教育智慧;像火一样充分燃烧,保持炽热的教育工作激情;像土一样深厚,始终默默奉献。由此为人民的教育事业做出更多更好的贡献,铸就辉煌的人生。

思政课教师如何"把根留住"

习近平总书记对广大思政课理论课教师提出了"政治要强、情怀要深、思维要新、视野要广、自律要严、人格要正"的总体要求。这一要求启示我们，要争做一名有根的思政课教师。

一、坚定信仰是讲好信仰之根

习近平总书记说："让有信仰的人讲信仰，善于从政治上看问题，在大是大非面前保持政治清醒。"

坚定正确的政治信仰是思政课教师对学生进行正确的理想信念教育之根。政治教师只有真正信仰马克思主义，信仰中国特色社会主义制度，把爱国、爱党与爱社会主义有机统一起来，坚定"四个自信"，树立"四个意识"，做到"两个维护"，坚持坚定正确的政治方向、政治原则、政治立场、政治纪律，才能理直气壮地讲好政治课。倘若一个思政课教师缺乏对马克思主义和中国特色社会主义的信仰，往往在课堂上言不由衷，不能理直气壮的宣讲马克思主义，甚至歪曲马克思主义的真理，在大是大非面前不能坚持原则，其危害可想而知。

人民有信仰，国家有力量，民族有希望。湖北省解放中学的吴又存老师坚定正确的政治信仰，科学引领学生做一个有信仰的人。他在习近平总书记亲自主持的"3.18"思政课教师座谈会上的发言，从"爱国、守法、向美、求真"四个方面,坚定信仰,引导学生做热爱祖国的人;法德兼修,引导学生做一个遵德守法的人;诗词歌赋,引导学生做向美而生的人;真情涌动,引导学生做求真向善的人。他选择大量的经典案例、鲜活感人的故事、诗词歌赋等,运用风趣与精练的语言,把自己多年来自觉践行社会主义核心价值观的真切感悟生动、深刻地展示出来,赢得习近平总书记及与会其他代表的高度评价。

二、立德树人是教育任务之根

教育的根本任务是教书育人,教书是手段,育人是目的。习近平总书记指出,思想政治理论课是落实立德树人根本任务的关键课程。思政理论课教师要围绕"培养什么人,怎样培养人和为谁培养人"等重大问题,开展教学活动。

思政课既是学科课程,又是德育课程。思政课教学既要科学传授相关模块的知识,更要旗帜鲜明地对学生进行品德教育。思政课教学应该成为学校德育的主旋律。为此,在思政课教学活动中,要坚决克服"讲条条、画条条、背条条、默写条条"等简单做法,要把准学生的思想脉搏,通过议题式、启发式、讲练式等多种教学方式,让学科核心素养高效落地,扎下深根,开花结果。

思政学科是综合性课程。思政课涉及经济、政治、文化、哲学、法律、逻辑等多学科的知识,需要思政课教师学通、弄懂和精准选择有关知识,有机对学生进行思想品德教育,努力把学生培养成为社会主义事业的建设者和接班人。同时,思政课又是活动型课程。这需要政治教师科学引导学生积极主动参加课内外的活动,接受思想品德教育的熏陶,提升学生的思想道德境界。比如,华东师大二附中的孟祥萍老师,除了上课选用当年国务院政府工作报告的材料,创设教学情境,探究我国当年的经济、政治、文化、法律等方面的问题之外,还引导学生利用大约一个月的课余时间,全面研读国务院的政府工作报告,把报告的内容与教材知识有机对接起来,编制问题与答案,组织学生在分享学习体会中,潜移默化地受到思想品德教育。

三、教育科研是专业成长之根

振兴民族的希望在教育,振兴教育的希望在提升教师的全面素质,而提升教师全面素质的希望在强化科研。教育科研是教师专业成长之根本。人类已经步入人工智能的时代,正面临世界百年未遇之大变局,又值新教材教学的挑战,政治教师唯有坚持教育教学研究,更新自己的知识结构,丰富自己的教学智慧,提升自己的教学实力,才能克服恐慌,在抢抓新机遇、迎接新挑战中,掌握主动权,续写新辉煌。

政治教师的教育科研要做好做足"本"字文章,主要是师本发展研究、生本教育探究与人本管理研究,把教学研究的论文写在无限的教学活动之中。

师本发展研究就是基于教师、源于教师和为了教师的研究。教师要把自己教育教学中的问题,提炼成课题,通过课题的研究,提炼成鲜活的经验,再用鲜活的经验指导新的实践,破解新的问题,在"问题—课题—新经验—新问题"的循环往复中,不断推动自身专业的持续发展。比如,针对自己在思政课教学中精讲不够高效等问题,提炼成"政治教师如何在反思中提高效能"的课题,教师通过深入研究在精讲过程中存在的主要问题、归因及对策,不断提升精讲的境界。

生本教育探究就是一切为了学生,一切依靠学生,从学生中来,到学生中去的教育研究活动。"一切为了学生"就是在引导学生学科知识的学习中,进行科学的世界观、人生观和价值观的教育,培养学科的核心素养,促进学生的全面发展,为学生的终身可持续发展奠基;"一切依靠学生"就是要从师本走向生本,坚持学生的主体地位,充分调动学生学习的积极性、主动性和创造性,争做学习的主人,从教得精彩向学得精彩转变;"从学生中来,到学生中去"就是要深入调查研究,发现学生在思想与行为中存在的主要问题,坚持问题导向,帮助学生解疑释惑,有的放矢地对学生进行思想政治教育。

真正的管理是自我管理。在一定意义上说，师生发展的差异主要是自我管理的差异。因此，笔者此处讲的人本管理研究主要是指深度研究教师与学生的自我管理方面存在的问题及对策。比如，教师通过深入研究在备课、上课、辅导、测试与评价等方面的自我管理问题，努力改善教师的教学行为。深入研究如何引导学生在学习计划、课堂笔记、自我纠错、学习资料、同伴合作等方面的自我管理问题，引领学生改善自我管理行动，促进自己的自主发展。

四、完善人格是教育引领之根

中国伟大的教育家孔子说："其身正，不令而行；其身不正，虽令不从。"这告诉我们身教重于言教，身教是教育引领的根本。教师既要重视言教，用真理的力量感召学生，以深厚的理论功底赢得学生，更要用自己的高尚人格感染，引导学生，最终赢得学生的认可和拥趸。

德国哲学家雅斯贝尔斯说："教育的本质意味着一棵树摇动另一棵树，一朵云推动另一朵云，一个灵魂唤醒另一个灵魂。"学生唯有亲其师，信其道，才能乐其教。如果一个教师失去了学生的信任，那他对学生各种各样的教育活动往往适得其反，甚至引起学生的反感与抵触，其教育的收效可想而知。

榜样的力量是无穷的。学高为师，身正为范。教师要不断修炼自己，提高自己的道德水准和学术水平，成为学生的榜样。尤其是在完善自己的人格中，自觉做到校内校外一个样，平常与非常一个样，线上线下一个样，防止双重人格，双面人生，给学生留下不良印象，消解教育的力量，自觉争做为学为人的表率，成为深受学生欢迎的老师。

五、优化合作是互利共赢之根

教育好学生是一个复杂的系统工程，工程的力量在于合作。教师唯有深度合作与优化合作，才能在紧密的合作中，相互学习，实现共同持续发展。如果孤军奋战，孤芳自赏，最终只会陷入孤立无援的困境。所以说，优化合作是互利共赢之根本。

在应试教育的激烈竞争中，有不少教师担心与他人合作，分享自己的资源，往往会强化对手，弱化自己，让自己在竞争中处于不利的地位。这是零和思维的落后观念。一个人走可以走得更快，一群人走才能走得更远。没有完美的个人，只有完美的团队。因此，教师要弥补自己的短板，让自己走得更好、走得更远，就需要优化合作。

俗话说：萝卜炖萝卜只有萝卜的味道，唯有萝卜炖肉才有更美的味道。教师要以更加宽广的胸襟、更加丰富的智慧、更加有力的行动，既优化学生、同事、家长与社会各有关方面的合作，更强化与成功人士的深度合作，善于站在巨人的肩膀上，分享他们的资源，吸取他们成功的经验，助力自己更好更快地持续成长。

办好思想政治理论课关键在教师，关键在发挥教师的积极性、主动性、创造性。根深才能叶茂，只有广大的思政课教师争做有根的教师，才能让思政课教学绽放更加绚丽的花朵，结出更加甜美的硕果。

参考文献

[1]陈文.边教书边成长[M].北京:中国人民大学出版社,2021.

[2]李希贵.学生第二[M].北京:教育科学出版社,2021.

[3]常生龙.读书是最好的修行[M].上海:上海教育出版社,2021.

[4]陈宇.班主任工作思维导图[M].北京:教育科学出版社,2020.

[5]王春易.从教走向学[M].北京:中国人民大学出版社,2020.

[6]闫学.跟苏霍姆林斯基学当班主任(修订)[M].北京:教育科学出版社,2020.

[7]沈雪春.议题式教学例论[M].西安:陕西师范大学出版社,2019.

[8]李云龙.增长思维[M].北京:中信出版社,2019.

[9]钟国兴.中华文化的密码[M].天津:天津人民出版社,2019.

[10]郭继承.中华文化要义读本[M].南京:中华书局,2019.

[11]楼宇烈.中华文化教师素养读本[M].北京:中华书局,2018.

[12]陶行知.中国教育改造[M].长春:吉林出版集团股份有限公司,2017.

[13]傅宏.轻松做教师[M].南京:江苏凤凰教育出版社,2017.

[14]周明,沈群等.提升教师核心素养——班主任必备的28节主题班会课[M].南京:江苏凤凰教育出版社,2017.

[15]邓胜兴.教师课堂提问的技巧与策略[M].西安:西安师大出版社,2017.

[16]李国臣.优化课堂教学的策略与修炼[M].天津:天津教育出版社,2017.

[17]方培君.新时期政治教师基本功[M].上海:上海教育出版社,2017.

[18]徐世贵.给教师战胜职业倦怠的建议[M].天津:天津教育出版社,2017.

[19]王平.把每个孩子深深吸引[M].上海:华东师大教育出版社,2016.

[20]沈德立.高效学习的心理学研究[M].北京:教育科学出版社,2016.

[21]古典.拆掉思维里的墙[M].北京:北京联合出版社,2016.6.

[22]徐飞.读书——教师的第一修炼[M].上海:华东师范大学出版社,2016.

[23]周文强.赢在创业[M].北京:中国商业出版社,2016.

[24]钟启泉.读懂课堂[M].上海:华东师大出版社,2015.

[25]黄玉峰.上课的学问(方法篇)[M].南京:江苏凤凰教育出版社,2015.

[26]王定华.透视美国教育[M].北京：北京大学出版社，2015.

[27]殷亚敏.练好口才的第一本书[M].北京：民主与建设出版社，2015.

[28]严长寿.不一样的教育[M].上海：华东师范大学出版社，2014.

[29]李华.迷恋学生的成长——一位中学教师的德育思考与实践[M].福州：福建教育出版社，2014.

[30]刘铁芳.什么是最好的教育——学校教育的哲学阐释[M].北京：高等教育出版社，2014.

[31][美]弗雷斯特·W.帕克.如何成为优秀教师（第8版）[M].北京：中国人民大学出版社，2014.

[32]顾明远.顾明远教育演讲录[M].北京：人民教育出版社，2014.

[33]康维铎.教育研究论文选题与写作[M].西安：陕西师大山版社，2014.

[34]沙培宁，柴纯青.学校管理者的五堂必修课[M].北京：教育科学出版社，2013.

[35]张丽钧.做老师真好[M].北京：教育科学出版社，2013.

[36]林格.教育的温度[M].北京：清华大学出版社，2013.

[37]张贵勇.读书成就名师——12位杰出教师的故事[M].北京：教育科学出版社，2013.

[38]高时良，黄仁贤等.教育名著评价（中国卷）[M].福州：福建教育出版社，2012.

[39]樊富珉，贾烜.生命教育与自杀预防[M].北京：清华大学出版社，2012.

[40]田中耕治.教育评价[M].北京：北京师范大学出版社，2011.

[41][日]斋藤孝著，张雅梅译.教育力[M]上海：华东师范大学出版社，2011.

[42]雷玲.谁来办好每一所学校—九名校长的办学智慧[M].上海：华东师范大学出版社，2011.

[43][美]理查德·韦斯伯德.守护孩子的幸福感[M].福州：福建教育出版社，2010.

[44]刘薇.改变教学的36部教育名著[M].上海：华东师范大学出版社，2010.

[45]赵丽琴.怎样让学生爱学习：激发学习动机的7种策略[M].上海：华东师范大学出版社，2010.

[46][美]约翰·霍特著，张慧卿译.孩子为何失败[M].北京：首都师范大学出版社，2010.

[47]高万祥.优秀教师的九堂必修课[M].上海：华东师范大学出版社,2009.

[48]王桂儒.托起明天的太阳[M].北京：高等教育出版社,2009.

[49]胡中锋.教育评价学[M].北京：中国人民大学出版社,2008.

[50]张斌贤,刘冬青等.历史上最具影响力的教育学名著19种[M].西安：陕西人民
出版社,2007.

[51]吴亚萍.备课的变革[M].北京：教育科学出版社,2007.

[52]郑金洲.说课的变革[M].北京：教育科学出版社,2007.

[53]何克抗.教学系统设计[M].北京：北京师范大学出版社,2006.

[54]郑金洲.课改新课型[M].北京：教育科学出版社,2006.

[55][英]Elizabeth Holmes著,闫慧敏译.教师的幸福感[M].北京：中国轻工业出
版社,2006.

[56]王金战等.英才是怎样造就的.[M].重庆：重庆出版社,2006.

[57]杨九俊.备课新思维[M].北京：教育科学出版社,2004.

[58]杨九俊.教学组织策略与技术[M].北京：教育科学出版社,2004.

[59]杨九俊.新课程.教育评价方法与设计[M].北京：教育科学出版社,2004.

[60][美]伍尔福克.教育心理学[M].北京：中国轻工业出版社,2003.

[61]于漪.于漪语文教育论集[M].北京：人民教育出版社出版,2003.

[62]肖川.教育的理想与信念[M].长沙：岳麓书社,2002.

[63]袁振国.教育新思维[M].北京：教育科学出版社,2002.

[64]陈建翔.新教育：为学习服务[M].北京：教育科学出版社,2002.

[65]关英菊.《孔子与〈论语〉》[M].北京：中国少年儿童出版社出版,2001.

[66]王坦.合作学习——原理与策略[M].北京：学苑出版社,2001.

[67]程新辉.创新型教师[M].上海：东方出版社,2001.

[68]郅庭瑾.教会学生思维[M].北京：教育科学出版社,2001.

[69][俄]苏霍姆林斯基著,杜殿坤编译.给教师的一百条建议[M].北京：北京教育
科学出版社,2000.

[70]丁钢.创新：新世纪的教育使命[M].北京：教育科学出版社,2000.

[71]徐英.新世纪教育启示录[M].天津：天津科学出版社,2000.

[72]皮连生.教学设计——心理学的理论与技术[M].北京：高等教育出版社，2000.

[73]叶运生.西方素质教育精华[M].重庆：重庆出版社，2000.

[74]商继宗.教学方法——现代化的研究[M].上海：华东师范大学出版社，2000.

[75]卢家楣.情感教育心理学[M].上海：教育科学出版社，2000.

[76]蒯超英.学习策略[M].武汉：湖北教育出版社，1999.

[77]林崇德.教育的智慧[M].北京：开明出版社，1999.

[78]戴本博.外国教育史[M].北京：人民教育出版社，1999.

[79]杨名声.创新思维[M].北京：教育科学出版社，1999.

[80]邝丽湛.思想政治课学科教学设计[M].广州：广东高等教育出版社，1999.

[81]郝克明.我的教育观[M].广州：广东教育出版社，1999.6.

[82]施良方，崔允漷等.教学理论：课堂教学的原理、策略与研究[M].上海：华东师范大学出版社，1999.

[83]熊川武.反思性教学[M].上海：华东师范大学出版社，1999.

[84]林崇德.学习与发展[M].北京：北京师范大学出版社，1999.

[85]刘电芝.学习策略研究[M].北京：人民教育出版社，1999.

[86][美]彼得·圣洁著，郭进隆译.第五项修炼——学习型的艺术与实务[M].上海：上海三联书店，1998.

[87]任顺元.素质教育论[M].杭州：杭州大学出版社，1998.

[88]郭启明，赵林森等.教学语言艺术[M].北京：语文出版社，1998.

[89]叶澜.让课堂焕发出生命活力[J].教育研究，1997.

[90]沈德立.非智力因素的理论与实践[M].北京：教育科学出版社，1997.

[91]李如密.教学艺术论[M].济南：山东教育出版社，1995.

[92]施良方.学习论[M].上海：上海人民出版社，1994.

[93]查有梁.系统科学与教育[M].北京：人民教育出版社，1993.

[94]鲁洁.教育社会学[M].北京：人民教育出版社，1990.

[95]叶澜.教育研究及其方法[M].北京：中国科技出版社，1990.

后　记

　　我自1978年步入教坛以来，已有43个春秋。从一个偏僻的小山村走进中小学教育的百花园，在经历了风风雨雨之后，遇见了美丽的彩虹，分享了教育的幸福。

　　从浙江省严州师范学校求学，到杭州大学（现浙江大学）中文系中文专业专科函授，到浙江省教育学院（现浙江外国语学院）思政教育本科脱产进修，到浙江师范大学教育经济管理硕士研究生课程班研修，到华东师范大学国家级骨干教师和高校高级访问学者培训，再到美国休士顿大学游学。一路上，我得到政府、学校与同事的大力支持，拓宽了视野，收获了新知，增长了才干，加快了自己专业成长的步伐。

　　我从建德李家中心小学担任少先队大队辅导员、校长，到建德大同中心学校担任副校长，到建德李家初中担任校长、书记，到建德大同中学担任校工会主席，到寿昌中学担任班主任，再到严州中学担任年级部主任、教科室主任、校党委书记兼副校长，在不同的教育管理岗位上，受到领导与同事的厚爱，经受了各种各样的历练和考验，品尝了教育管理的酸甜苦辣，丰富了教育管理的智慧。

　　我从担任小学数学、常识、体育等学科的教学，到担任初中政治、数学、语文、物理、历史等学科的教学，再到担任高中政治、物理、英语等学科的教学，得到了领导与同事（包括省、地、县的思政课教研员）的关心和帮助，欣赏了不同学科、不同老师的教学风采，品尝了多种学科的滋味，有失利的苦涩，也有成功的甘甜。

从建德市教育理事会常务理事、市党代表、市传统文化促进会副会长，到杭州市教育学会思想政治课教学分会副会长、杭州市党代表，再到浙江省特级教师协会理事、浙江外国语学院杭州校友会副会长、杭州师范大学硕士生导师、浙江师范大学客座教授等多种社会兼职，聆听了各级领导与众多专家的教诲，分享了他们的智慧和成果，提升了自己的科学素养与人文素养。

我从学校的多种先进个人到县级教坛新秀、"三育人"积极分子、思政课学科带头人、第一届"十佳"青年教师、优秀教师、优秀党员、优秀党务工作者、第一届"十佳"市民、"十佳"科技突出贡献者、282第一层次人才培养对象、第一届"十大"优秀人才、教育突出贡献奖等，到杭州市中青年学科带头人、教书育人优秀教师、劳动模范等，再到浙江省优秀政治课教师、万名好党员、劳动模范、特级教师等多种多样的荣誉，得到了各级领导与同事太多的关爱与鼓励，感受到巨大的鼓励和鞭策。

所有这些，都离不开各级领导、老师、家人和亲朋好友的关心和支持，对此我心存感念，永志难忘。

最后，承蒙相关领导、同事同行、亲朋好友以及出版社的编辑悉心关照和辛勤付出，《教之辩》得以付梓出版，本人表示最诚挚的谢意！

陈志红

2021年8月